FACULTÉ DE DROIT DE PARIS

DROIT ROMAIN

DE LA PATRIA POTESTAS

SUR LA PERSONNE

DES FILII FAMILIAS ET DES FILIÆ FAMILIAS

DROIT FRANÇAIS

DE LA PUISSANCE PATERNELLE

SUR LA PERSONNE

DES ENFANTS LÉGITIMES ET NATURELS

THÈSE POUR LE DOCTORAT

PAR

M. GEORGES DIGARD

LICENCIÉ ÈS LETTRES

ARCHIVISTE PALEOGRAPHE, AVOCAT A LA COUR D'APPEL

PARIS

IMPRIMERIE DE LA SOCIÉTÉ DE TYPOGRAPHIE

NOIZETTE, DIRECTEUR

8, RUE CAMPAGNE-PREMIÈRE, 8

1882

FACULTÉ DE DROIT DE PARIS

DROIT ROMAIN

DE LA PATRIA POTESTAS

SUR LA PERSONNE

DES FILII FAMILIAS ET DES FILIÆ FAMILIAS

DROIT FRANÇAIS

DE LA PUISSANCE PATERNELLE

SUR LA PERSONNE

DES ENFANTS LÉGITIMES ET NATURELS

THÈSE POUR LE DOCTORAT

PAR

M. GEORGES DIGARD

LICENCIÉ ÈS LETTRES

ARCHIVISTE PALÉOGRAPHE, AVOCAT A LA COUR D'APPEL

L'acte public sur ces matières sera soutenu le vendredi, 28 juillet, à 4 h. 1/2

MM. LABBÉ, Président.
BOISTEL, CAUWÈS, Professeurs.
L. MICHEL, BEAUREGARD, Agrégés.

PARIS
IMPRIMERIE DE LA SOCIÉTÉ DE TYPOGRAPHIE
NOIZETTE, DIRECTEUR
8, RUE CAMPAGNE-PREMIÈRE, 8

1882

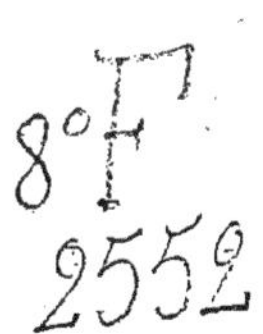
8° F 2552

A MA GRAND MÈRE

A MON PÈRE, A MA MÈRE

A MES MAITRES

AVANT-PROPOS

« Honorez votre père et votre mère, afin que vous viviez longtemps sur la terre que le Seigneur votre Dieu vous donnera (1). » Jamais le droit naturel n'eut de formule plus précise et plus lumineuse que ce précepte du Décalogue, et la récompense même annoncée aux Israélites cherchant la Terre promise, contient le plus expressif des enseignements. En effet, le respect du père et de la mère qui répond à ce que demandent la conscience et le cœur, s'offre aussi comme la condition essentielle du succès de leur mission commune : le développement physique et moral de l'enfant.

Les différentes législations ont pu traduire cette vérité par des institutions incomplètes ou faussées; jamais elles ne l'ont méconnue. Leurs erreurs mêmes, comme celles du vieux droit des Quirites ou du droit féodal, ne sont que des exagérations d'un principe juste ou des concessions faites à un état social particulier. L'histoire de la Patria Potestas nous donnera le spectacle des vicissitudes que peut traverser dans une société l'organisation de la famille. Elle nous montrera les diverses influences qui ont agi sur elle; à son déclin elle nous laissera voir l'avènement du christianisme, c'est-à-dire de la véritable force directrice des sociétés, au Moyen âge et dans les temps modernes.

En étudiant les textes du Code civil, nous verrons les résultats auxquels ont abouti des progrès séculaires et nous étudierons en détail une des traductions les plus achevées du Droit naturel.

1. Exod., chap. xx, v. 12.

DROIT ROMAIN

DE LA PATRIA POTESTAS

SUR LA PERSONNE

DES FILII FAMILIAS ET DES FILIÆ FAMILIAS

CHAPITRE PREMIER

LA PATRÏA POTESTAS AVANT LA LOI DES XII TABLES

Les Romains datent ordinairement toutes leurs institutions des XII Tables; ils font au contraire remonter l'organisation de la famille aux origines mêmes de la cité. Ces renseignements sont précieux, et nous ne croyons manquer ni à la vérité ni à la critique historiques en les mettant à profit pour étudier les éléments primordiaux de la Patría potestas et pour essayer de dégager les caractères que leur prêtait la tradition romaine.

Le premier de ces attributs à cette époque primitive est celui dont la légende de Romulus nous offre une application, et dont une loi du même Romulus aurait réglé l'exercice : c'est le droit de décider du sort des nouveau-nés. A peine l'enfant est-il sorti du sein de la mère qu'on le présente au chef de la famille, au pater : celui-ci le reconnaît « l'élève » (1), quand il n'a pas de doute sur sa légitimité; s'il craint au contraire d'introduire dans sa famille un descendant illégitime, dans la cité un enfant monstrueux et par conséquent funeste (2), il peut l'exposer ou le tuer. Malgré sa barbarie, ce droit repose sur une idée religieuse, et l'on a eu raison de voir dans ces fonctions du pater l'exercice d'un véritable sacerdoce. Suivant

1. Liberos tollere ac recipere. Donat. in Terent. *Andr.* III, 1. 6. — Enn. Phæn. apud Cic. *Orator*, 46, 155, — Pacuv. Tene. apud. Non. 306,32. — Plaut. *Amph.*, I, 33. — Ter. *Andr.* 2, 3, 26.

2. Tit. Liv., 27, 37, Sen., *de Ira*, I, 15, 2. — Suet., *Calig.*, 5.

Denys d'Halicarnasse, cette tradition s'affaiblit vite et le droit d'exposition, tout sacré qu'il était, attira l'un des premiers l'intervention de l'Etat dans la législation de la famille. « Romulus, dit-il (1), força le père à élever tous ses fils et sa fille première née; il défendit de tuer les enfants au-dessous de trois ans, à moins qu'ils ne fussent mutilés ou monstrueux dès leur naissance. »

Les parents pouvaient exposer les monstres, mais ils devaient auparavant les présenter aux cinq plus proches voisins pour avoir leur avis. Cette loi est caractéristique ; le pater peut encore protéger la Cité contre l'invasion d'enfants dont la naissance serait pour elle une source de malheurs ; mais il n'exerce cette fonction que sous le contrôle d'autres citoyens ; et, au nom de l'intérêt de la population; il se voit enlever le droit sacré de veiller à la sainteté du foyer, du culte domestique, et à la pureté de la famille.

Une fois que le pater a reçu l'enfant dans sa maison (2), il exerce sur lui une main-mise souveraine (3).

Denys d'Halicarnasse (4) énumère les différentes applications de cette autorité, et il considère à juste titre comme la prérogative la plus exorbitante du pater le droit qu'il a de manciper le filius. Il cite une loi dont il fait honneur à

1. Dion. Halic., 2, 15.

2. Il semble bien que l'étymologie de *familia* se ramène à un racine sanskrite *dhàman* en grec τίθημι et corresponde à l'idée de domicile, d'établissement Plusieurs significations qui nous ont éte conservées par Festus, *familiaris famulus*, ont gardé la trace de cette etymologie. La famille, c'est la maison. M. Fustel de Coulange ne l'a peut-être pas assez remarqué.

3. Ce n'est pas sans dessein que nous employons cette expression à l'égard de l'enfant; de nombreux exemples montrent surtout à l'origine, que le terme *manus* s'appliquait aussi bien que *potestas* au rapport de père à fils. Tit. Liv. 34, 2, 34, 7. Gell, 18, 6. Justin., Cod., 7, 40. Inst., 1, 12, 6. Tac., *Ann.*, 15, 19. La confusion des expressions est une preuve en faveur de l'unité originaire de tous les rapports de puissance. La main personnifie ici d'ailleurs moins l'acquisition violente que la protection.

4. Dion. Halic. 1. c, 2, 26-27.

Numa, qui défend au pater d'user de son droit quand le fils est marié; mais cette sollicitude, qui ne s'est jamais étendue aux malheureux esclaves *in contubernio* ne l'étonne pas. Continuant une comparaison qui aurait dû lui paraître contestable entre ce pouvoir de disposition et le droit d'aliénation de l'esclave, il va jusqu'à prétendre que la condition du filius citoyen romain et membre d'une famille est pire que celle de l'esclave vendu sur le marché. Celui-ci recouvre une liberté définitive dès qu'il sort une fois du patrimoine du maître, le fils retombe jusqu'à trois reprises sous la puissance du père. Trois ventes successives peuvent seules épuiser un droit de propriété qui se survit pour ainsi dire à lui-même. Ce que l'auteur grec semble considérer comme la preuve de la propriété incommutable du père, apparaît aujourd'hui sous un tout autre jour. Au témoignage de Gaïus (1), le retour du cens, c'est-à-dire l'inscription du fils *in mancipio* sur le registre des citoyens lui rendait sa liberté comme elle la donnait à l'esclave. Au bout de cinq ans l'acte de *mancipium* était rompu par la volonté de la Loi et le pater devait le renouveler s'il voulait maintenir au détenteur du *mancipium* un pouvoir éphémère. Une seule exception était faite, prétendait-on (2), en cas d'abandon noxal ; le fils abandonné à la suite d'un délit restait *in mancipio* jusqu'au jour où le résultat de ses services compensait le préjudice causé. Cette dernière remarque est précieuse. Non seulement dès l'origine même de la Cité (3) on a refusé au *pater* le droit de manciper l'enfant avec l'idée de perpétuité qui correspond à l'essence absolue de la propriété quiritaire;

1. Gaïus, I. 140: Quin etiam invito quoque eo cujus in mancipio sunt censu libertatem consequi possunt.

2. Gaïus, ibid : Ac ne is quidem dicitur invito eo cujus in mancipio est libertatem consequi quem pater ex noxali causa mancipio dedit.

3. L'institution du cens est attribuée à Servius Tullius.

mais peut-être même le droit général de manciper le fils n'est-il qu'un dérivé de l'abandon noxal.

On sait en quoi consistait cette pratique curieuse, aussi usitée aux époques primitives dans le droit public que dans le droit privé. Quand le filius avait causé un tort à autrui et compromis pas ses actes, la famille à laquelle il appartenait, le pater le désavouait et le livrait à la victime de son délit, pour qu'il réparât sa faute, soit par son travail si le délit, pouvait s'évaluer en argent soit par son supplice si l'acte commis demandait du sang. Cet expédient, qui révélait le parti pécunaire qu'on pouvait tirer des services du fils, suggéra une autre application non plus forcée mais volontaire. Le pater fit d'une nécessité accidentelle une prérogative permanente. Le filius travaillant dans la *villa* paternelle, contribuait à la prospérité de la famille; quand ses services y étaient inutiles le pater eut l'idée d'en tirer parti en les louant à un voisin. L'acte qui réalisait ce contrat était comme au cas d'abandon *noxal* la *datio in mancipium* ; cela n'impliquait nullement un transport de propriété, et le pater ne vendait pas plus son enfant, par la *datio in mancipium* qu'il n'achetait un fils par l'*adrogatio* ou une fille par la *conventio in manum*.

Dans toutes ces hypothèses, il faisait acte d'administrateur, de souverain, et l'ancien droit soucieux de la perpétuité des familles lui donnait même plus de pouvoirs pour augmenter que pour diminuer le nombre de ses sujets.

Chose curieuse, en effet, si l'adoption c'est-à-dire le passage d'un enfant d'une famille dans une autre paraît n'avoir été admise qu'après la loi des XII Tables, l'*adrogatio* c'est-à-dire la transformation d'un pater familias en filius familias, présente tous les caractères d'une institution primitive. Ciceron et Aulu-Gelle nous ont conservé la description de cet acte juridique; et sa forme, l'intervention qu'il suppose, tout nous reporte à une époque où chaque maison était un petit État, et où l'entrée dans une famille ressemblait fort à la naturalisation moderne. Quand le pater voulait augmenter sa famille, non plus d'un esclave ni d'un travailleur libre, mais d'un filius, d'un citoyen romain qui pût prendre son nom, recueillir la charge de ses *sacra* et continuer ses traditions, il se faisait d'abord autoriser par le Collège des pontifes gardiens des *sacra privata*, puis il se présentait devant le peuple assemblé avec l'adrogé, qui consentait à échanger son *caput* contre celui de l'adrogeant. Et là, devant les comices qui tout à l'heure allaient consacrer par une loi la paternité fictive de l'adrogeant, le président demandait solennellement à l'adrogé (1) : « Consens-tu à ce qu'Aulus Agerius ait sur toi le droit de vie et de mort, comme sur un fils ? » L'adrogé consentait à haute voix, le peuple ratifiait et l'acte solennel d'abdication et d'investiture était consommé, la Cité comptait un pater, la religion un foyer de moins, et l'adrogeant, comme jadis Romulus dans son asile de l'Aventin, ramenait en triomphe dans sa maison un filius nouveau.

La réception d'une filia dans la famille n'était pas moins importante, puisque seule elle permettait la naissance d'enfants légitimes. Denys d'Halicarnasse attribue (2) à Romulus l'établissement « des mariages par *confarreatio* » ; il y a dans cette confusion une vérité. A l'origine les seules *justæ nuptiæ* sont les mariages accompagnés de *conventio in manum* ; pour être *uxor*, il fallait changer de famille, on pourrait presque dire de nationalité. La confarreatio était une des formes de cette *conventio in manum* et elle est contemporaine de la *coemptio* si elle ne l'a pas précédée. On a proposé bien des hypothèses pour expliquer l'exis-

1. A. Gellins, V. 19. — Cic. *pro Domo*, 29.
2. Dion. Hal., 2,25.

tence et rechercher l'origine de ce dualisme des formes de la *conventio in manum*. Peut-être pourrait-on y voir la même différence que celle qui existe entre l'*adrogatio* et l'*adoptio*. Si la jeune fille que le pater se proposait de faire entrer dans sa famille pour en faire sa femme était *sui juris*, si elle n'était soumise à aucune autre puissance que la tutelle de ses agnats, les formalités étaient simples. Ce changement d'état d'une fille *sui juris* n'intéressait pas la cité *feminarum nulla comitiorum communio*, il ne touchait que la religion ; le pater familias pouvait donc acquérir la manus qui seule donnait à la femme le droit d'entrer légitimement dans sa maison par une simple cérémonie religieuse. Dix témoins étaient appelés, un prêtre était présent, on offrait un sacrifice solennel (1), puis on apportait un gâteau de fleur de farine, *panis farreus*, que les fiancés mangeaient ensemble (2). Dès lors ils n'avaient plus qu'une religion, l'union sainte était scellée, la *deductio in domum* pouvait avoir lieu et réaliser le mariage.

Si la fiancée était au contraire sous la dépendance d'un pater, la confarreatio ne suffisait pas, et à l'origine de tels mariages devaient être impossibles. Les familles jalouses de leur perpétuité craignaient de s'affaiblir en échangeant leurs filles aussi bien que leurs fils. Peu à peu ces scrupules cédèrent devant la nécessité des mariages ; non sans effort toutefois, comme le prouvent la légende de l'enlèvement des Sabines, le symbolisme de certaines cérémonies du mariage (3) le Droit coutumier dut chercher une forme pour réaliser ce nouvel acte juridique.

De tout temps on avait admis le pouvoir de disposition

1. Gaïus, I. 112.

2. Cette cérémonie appuie notre conjecture, car elle suppose les deux fiancés sui juris, le filius familias n'avait pas de culte, et le pater ne pouvait pas manger le gâteau en son lieu et place.

3. Festus, v° rapi. Rapi simulabatur virgo ex grœmio mabris quod videlicet ea res feliciter Romulo cessit. — Propert. 5, 4, 57.

du pater sur les membres de sa famille et sa mise en action par la mancipation ; grâce aux changements qu'on pouvait insérer dans sa formule, cette forme se prêtait admirablement à la *conventio in manum ;* la *coemptio* vint s'ajouter à la confarreatio. Le pater du fiancé ou le fiancé lui-même concluait avec le pater de la fiancée une *sponsio*. En exécution de ce contrat le *coemptor*, en présence de cinq témoins et du *libripens*, frappait la balance et, donnant au pater de la jeune fille l'*æs audusculum*, prononçait une formule analogue sans doute à la formule ordinaire mais un peu différente. Cette différence dans la formule, la *nuncupatio* qui avait précédé et où sans doute la fiancée avait donné son consentement, déterminaient les effets de l'acte ; des sacrifices se rapprochant de ceux de la *confarreatio* le complétaient ; le cortège du mariage avec ses cérémonies symboliques la formule *Ubi tu Gaïus et ego Gaia* l'achevaient et traduisaient extérieurement le caractère solennel de l'acte qui venait de s'accomplir. Malgré son nom, la *coemptio* (1) ne peut donc pas passer pour une application du droit de vente du pater.

1. La description que nous faisons ici de la *coemptio* ne correspond pas à une opinion très accréditée d'après laquelle la filia disposerait d'elle-même le pater n'interviendrait dans la *coemptio* que pour *l'autoriser*. Cette opinion s'appuie sur Paul Coll. tit. IV, c. II, et Papin Coll., tit. IV, c. VII. Mais Gaïus, I.123, qui recherche pourtant les différences entre la *coemptio* et la *mancipatio* d'un filius, nous dit bien que les paroles prononcées par le pater ou le coemptionator sont différentes de celles de la *mancipatio* ordinaire, il ne nous dit pas que le mancipans, c'est-à-dire celui qui reçoit l'æs raudusculum soit différent. Dans les deux cas, c'est le pater qui reçoit le symbole de la cession, c'est donc bien lui qui cède. On ne trouve pas dans le droit romain un seul exemple de mancipatio où le vendeur serait la personne vendue elle-même, cf. Savigny verm. Schriften II, p. 400. Enfin une inscription citée par Tiraquell. ad Alex. ab Alexand. II, 5 dit : *Cos. Tit. a. d. V. kal. Oct. Pul. Claudius Tulliam virginem volentem auspicato a parentibus coemit*. Le terme *auctor* n'impliquait pas jadis l'idée d'assistance mais bien celle de consentement comme on le voit d'après la formule d'adrogation. Nous reconnaissons d'ailleurs que la fille sui juris, se servit aussi à une époque postérieure de la *coemptio*, pour se donner in manus, mais même dans ce cas ses agnats ne lui prêtaient pas seulement leur auctoritas, ils *cédaient* vraiment au mari une puissance qu'ils n'avaient pourtant pas eux-mêmes.

En dehors de la cité, la situation était-elle la même? Le droit des quirites qui tempérait les pouvoirs du pater par des restrictions souveraines ne s'arrêtait-il pas impuissant aux limites du *pomœrium*, et le pater profitant du principe de droit international qui admettait l'esclavage du citoyen chez les ennemis ne pouvait-il pas faire de ses enfants des esclaves en les vendant *trans Tiberim*. Une phrase, et ce qui est plus grave, une opinion de Cicéron semble admettre cette distinction. Dans son plaidoyer pour Cécina (1), il constate que le fils peut être non pas mancipé mais vendu à l'étranger, et il justifie ce droit par un argument excellent pour l'adoption mais qui semble bien faible pour un droit aussi exorbitant: « Si le père vend celui qu'il avait admis sous sa puissance, il l'en fait sortir »; cette justification si faible est un moyen d'audience: il s'agit dans l'espèce de démontrer que la qualité de citoyen est indélébile, qu'elle ne peut pas même se perdre à titre de peine. L'avocat réfute les objections qu'on pourrait faire à sa thèse et transforme habilement en l'exercice d'un prétendu droit de propriété ce qui n'était au fond que l'application d'un pouvoir de juridiction. Quoi qu'en dise Cicéron, le pater, en vendant son filius *trans Tiberim* n'agissait pas autrement que le peuple vendant le citoyen assez lâche pour se soustraire au service militaire; ou le fécial livrant un citoyen pour délier la Cité du serment qu'il a prêté en son nom. Même quand il reçoit la *pecunia* de l'étranger pour son fils, le pater est plutôt juge que propriétaire.

Il l'est encore quand il répudie sa femme ou celle de son fils, et cette interprétation doit aussi s'appliquer à un autre droit du pater qui, à l'époque primitive forme un des traits certains de la patria potestas : le *jus vitæ necisque*. Les témoignages sont unanimes sur son existence et

1. Cic. *pro Cæcina 34*. Si pater vendidit eum quem in potestatem suam susceperat ex potestate dimittit.

le plus fort nous semble encore la vieille formule d'adrogation que nous avons citée plus haut. La loi de Romulus qui, d'après Denys d'Halicarnasse, permettait au père de tuer librement son enfant dès l'âge de trois ans, semble écarter l'hypothèse d'un pouvoir de juridiction; mais la cérémonie même de l'adrogation où était prononcée cette consécration solennelle du droit de vie et de mort du pater montre ce qu'il faut en penser (1).

L'adrogation n'était pas le transport d'un droit de propriété, c'était l'investiture d'un pouvoir social, elle n'avait pas pour but de consommer la déchéance d'un citoyen de sa qualité d'homme libre mais bien de réaliser sa naturalisation dans une nouvelle famille, et de transporter de la puissance publique au pater le *jus gladii*. La distinction entre les pouvoirs du pater et ceux du dominus, entre les rapports qui unissent le chef de famille au filius, le maître à l'esclave est confuse peut-être, mais elle existe et elle se traduit avec une clarté parfaite dans les exemples les plus anciens que nous avons du droit de vie et de mort. Horace (2) a tué sa sœur, son père veut le sauver de l'accusation publique qu'on intente contre lui et dont le roi vient de confier le jugement à des duumvirs; il revendique son droit de juridiction qu'il invoque à la fois pour ratifier le meurtre de sa fille et pour dessaisir le peuple du jugement de son fils (3). Le roi passe outre, et au lieu

1. Cic. *pro Domo*, 29. Les développements que Cicéron donne à propos de cette formule, la sollicitude de la loi des XII Tables à protéger l'homme libre qu'il loue quelques lignes plus loin, l'argument *a fortiori* qu'il semble vouloir tirer de la pratique de l'adrogation en faveur de l'inaliénabilité de la liberté, tout semble confirmer cette interprétation.

2. Tite-Live n'est pas un contemporain, mais les détails qu'il donne reposent évidemment sur une ancienne tradition. Ulpien L. un. D, I, 13, semble aussi faire allusion au procès d'Horace, Cf. Val. Max, 8, 1. — Festu. Sororium tigillum. — Cic. *pro Milone*, cap. III.

3. T. Liv. I, 26. Horatio patre proclamante se filiam jure cæsam judicare, ni ita esset patrio jure in filium, animadverturum.

de s'empresser de reconnaître dans le père ce prétendu droit de propriété, le seul moyen qu'il consente à employer en faveur du coupable est l'appel au peuple. Celui-ci juge le sauveur de Rome et approuve, nous dit Denys d'Halicarnasse (1) la sentence du père.

Ce dernier trait est remarquable, et l'épisode d'Horace en nous montrant sous son vrai jour le droit de vie et de mort confirme les observations que nous avons pu faire à propos des autres attributs de la patria potestas sur la personne du filius. Dês l'origine, ils pouvaient prêter à l'équivoque; extérieurement ils ressemblaient beaucoup aux droits que le maître avait sur l'esclave; par suite de la pauvreté des formes juridiques primitives on leur appliquait celles dont on se servait pour la création et la transmission des droits de propriété. Mais le langage et certaines institutions caractéristiques prévenaient toute confusion, les *liberi* se distinguaient des *servi*, la *mancipatio* et la *coemptio* ne se confondaient pas avec la vente, l'*adrogatio* et la *confarreatio* se maintenaient à côté d'elles et même extérieurement accusaient les différences qui séparaient les pouvoirs du pater de ceux du maître.

Si on interprète bien ses attributs, la patria potestas, ne comprend guère que les droits ordinaires attribués par le droit naturel à l'autorité domestique : droit de contester la filiation, de louer les services du fils, de consentir à son mariage, pouvoir de correction. Entre les mains du pater Romain, ils ont la forme rigoureuse adaptée aux besoins d'une société primitive mais, comme nous venons de le voir, ils ont perdu de bonne heure le caractère inviolable qu'on se plait à leur attribuer. Le droit d'exposition de mancipation, d'adrogation, le droit même de vie et de mort, bref tous les droits du pater ne s'exercent que sous

1. Dion. Halic. III, 22 : Τῇ γνωμῇ τοῦ πατρὸς προσέθετο καὶ ἀπολύει τοῦ φόνου τὸν ἄνδρα.

le contrôle, en vertu de la permission de l'État et la maison du pater n'est pas plus inaccessible à la puissance publique que ne l'est le *home* anglais.

Pourtant Gaïus a raison de relever le caractère profondément national de l'institution. La patria potestas, à ne consulter que ses prérogatives, ressemble à la puissance paternelle chez les Grecs et chez les Germains ; quand on approfondit son organisation, elle est absolument romaine. Ces droits semblent exorbitants, parce qu'ils n'ont pas pour titulaire le père selon le sang et qu'ils ne s'exercent pas en faveur de l'enfant. Ils ne cessent pas à la majorité du filius, ils durent autant que la vie du pater, ils s'imposent à celui-ci aussi bien qu'à ceux qui en sont l'objet. Le dualisme que la langue nous révèle se retrouve dans les institutions ; le *genitor* n'est pas le *pater familias*, les *liberi* ne sont pas les *filii familias*, le petit groupe restreint fondé sur la descendance directe, s'agrandit et se confond dans la *familia*. L'intérêt de cette unité factice mais essentielle dans la religion et dans l'état, domine celui des individus qui la composent, son salut est la loi suprême, c'est à elle qu'appartient la souveraineté, c'est elle qui fausse tous les rapports naturels, qui soustrait l'enfant au pouvoir du père, la femme à celui du mari, qui empêche la mère d'avoir aucun droit sur ses enfants. Le pater n'est pas un propriétaire égoïste, le filius n'est pas l'enfant soumis d'un père selon le sang ; ils appartiennent tous deux à une société dont le fils est un des membres et le pater le chef.

M. Fustel de Coulanges a admirablement mis en lumière cette organisation de la famille romaine et voulant compléter son œuvre il nous a fait assister à sa naissance et à son développement en la rapprochant des croyances des vieux Quirites. Ce système ingénieux dont Montesquieu avait déjà indiqué l'application à propos des

Chinois (1), nous semble très exact mais aussi très incomplet; pour expliquer non seulement l'existence mais l'étonnante durée de l'organisation de la patria potestas chez les Romains, il faut indiquer et mettre en jeu d'autres facteurs. Toute institution sociale comme toute constitution politique est née des croyances religieuses d'un peuple, de son caractère, de ses conditions d'existence. La patria potestas a trouvé un appui peut-être même ses origines dans le particularisme religieux, dans la décentralisation du culte des Romains primitifs comme de tous les peuples païens (2), mais s'ils ont conservé cette organisation, même après la désuétude des idées religieuses primitives, s'ils l'ont conservée plus longtemps et plus fidèlement que les Grecs, c'est que l'institution répondait à leurs besoins temporels, favorisait la vie agricole et traduisait les traits principaux de leur caractère. Le culte de Rome a vite fait oublier le culte des Ancêtres; mais il n'a enlevé à la Patria Potestas aucun de ses fidèles; l'apologue de Ménénius Agrippa est resté dans la famille comme dans la cité, le résumé de la philosophie politique des Quirites et jamais ils n'ont consenti à briser en faveur de la liberté des individus cette discipline égoïste qui a été la cause de la grandeur et de la ruine de l'une et de l'autre.

1. Montesquieu. *Lettres persanes* 119. « Si la Chine a dans son sein un peuple si prodigieux, cela vient d'une certaine manière de penser ; car comme les enfants regardent leurs pères comme des dieux, qu'ils les respectent comme tels dès cette vie; qu'ils les honorent après leur mort par des sacrifices dans lesquels ils croient que leurs âmes anéanties dans le Tyen reprennent une nouvelle vie; chacun est porté à augmenter une famille si soumise dnns cette vie et si nécessaire dans l'autre.»

2. Il resterait d'ailleurs à prouver que les Romains primitifs n'avaient pas d'autre culte que celui des morts; aux *sacra privata* s'ajoutaient très certainement des *sacra publica*.

CHAPITRE DEUXIÈME

LA PATRIA POTESTAS DEPUIS LA LOI DES XII TABLES JUSQU'A LA FIN DE L'EMPIRE RÉPUBLICAIN.

La révolution qui dans l'histoire des institutions de Rome aboutit à la loi des XII Tables, atteignit peu la patria potestas. Le principe monarchique subsista dans la famille et la codification respecta la création la plus originale et la plus vigoureuse du droit coutumier. D'après Denys d'Halicarnasse, les Decemvirs se contentèrent de faire graver sur la IVe Table d'airain les règles de l'organisation existante ; toutefois ils y ajoutèrent ou y confirmèrent deux innovations peu importantes au premier abord mais qui eurent les conséquences les plus imprévues.

Nous ne parlerons pas de la faculté laissée au pater de régler par testament la transmission de sa fortune et la tutelle de ses enfants. Ce n'est probablement que la confirmation d'une coutume existante, ou en tout cas le développement logique des pouvoirs du pater. Mais Gaïus attribue à la loi des XII Tables, deux institutions sur lesquelles nous devons nous arrêter. C'est d'une part la déchéance de la patria potestas encourue par le pater qui aurait mancipé trois fois son fils (1) ; d'autre part la faculté pour l'uxor d'échapper à la manus de son beau-père ou de son mari et de rester dans sa famille originaire au moyen

1. Gaïus I, 132 : Lex enim XII Tabularum tantum in persona filii de tribus mancipationibus loquitur his verbis : « Si pater filium ter venumduit filius a patre liber esto.»

du *trinoctium* (1). L'esprit de ces réformes semble favorable au droit naturel. Elles cherchent à limiter l'exercice de la patria potestas; elles eurent un résultat tout contraire et la casuistique patricienne fit sortir de ces restrictions apparentes deux institutions qui étendirent encore les pouvoirs du pater et développèrent leur caractère artificiel. La déchéance pénale du pater introduisit l'émancipation avec son corollaire l'adoption, le *trinoctium* permit le mariage libre et étendit la prérogative déjà si abusive du pater sur le mariage de ses enfants.

Avant la loi des XII Tables, la patria potestas était perpétuelle, pour le pater aussi bien que pour le filius; le chef de famille pouvait en faire usage pour abandonner son fils en noxe, pour le vendre *trans Tiberim*, pour le tuer, pour louer ses services *in mancipio*, mais en dehors de ces pouvoirs de juridiction ou d'administration, il était impuissant à rompre le lien qui l'unissait au filius. La loi le déclarait déchu s'il émancipait son fils trois fois ; c'était faire une brêche dans la robuste citadelle de la familia romaine. Le pater s'en servit et les Prudents habitués au jeu des fictions trouvèrent facilement l'ingénieux circuit qui lui permit de tourner contre le fils le bienfait même de la loi. Le pater allait trouver un ami, il lui mancipait fictivement son fils et à la troisième mancipation il avait fait sortir son fils de la famille, excluant de sa succession un héritier sien et gardant sur lui les droits considérables du *manumissor*.

Cette première application de la déchéance volontaire de la patria potestas fut sans doute suggérée en vue d'une

1. Gaïus, I, 111. Usu in manum conveniebat quæ anno continuo nupta perseverabat: quæ enim velut annua possessione usucapiebatur in familiam viri transibat filiæque locum obtinebat; itaque Lege XII tabularum cautum erat si qua nollet eo modo in manum mariti convenire ut quotannis *trinoctio* abesset atque ita usum cujusque anni interrumperet.

seconde institution que seule l'émancipation rendait possible et que l'aristocratie romaine devait désirer ardemment : l'adoption. Pour qu'un filius familias put entrer dans une nouvelle famille il fallait qu'il put sortir de l'ancienne; le problème, impossible autrefois, était désormais facile. Après la troisième mancipation, la puissance paternelle était éteinte chez le père naturel mais elle n'était pas encore acquise à l'adoptant qui tenait seulement l'adopté *in mancipio*. Pour atteindre son but, l'adoptant mancipait le fils au père naturel qui n'avait plus sur lui que les droits du *mancipium*. Dans cet état, l'adoptant supposant acquise la paternité même qu'il recherchait, revendiquait l'adopté *in jure* comme son propre fils et la sentence même du magistrat faisait une vérité de cette fiction.

L'institution du *trinoctium* amena le mariage libre; au premier abord cette nouvelle forme du mariage semble favorable à l'égalité entre époux, surtout quand la dot vint s'y ajouter, mais comme on l'a fait remarquer (1), la réforme était plutôt inspirée par l'intérêt de la famille que par celui de la femme ; elle profita plus au pater familias qu'à l'uxor. Les agnats étaient hostiles à la *manus* qui faisait passer aux mains du mari le patrimoine des ancêtres; le pater se voyait dépouiller à regret en faveur du mari des pouvoirs qu'il avait sur la fiila. Dans le mariage libre la fille resta dans sa famille, mais, par là même, sa situation devint plus précaire. Soumise à la *manus* de son mari ou de son beau-père, elle se trouvait dans une dépendance qui n'était pas absolument conforme aux indications du droit naturel mais qui ne leur était pas essentiellement contraire. Les sévérités et les caprices auxquels elle était exposée avaient pour correctifs chez le beau-père l'intérêt qu'il prenait à la

1. M. Gide, *Condition de la femme*.

prospérité de sa famille, l'affection qu'il avait pour son fils, chez le mari l'amour conjugal. Désormais ce fut le pater de l'uxor qui devint l'arbitre du mariage, qui fut le maître dans la maison de son gendre (1); par une bizarrerie que n'offrait pas la rudesse des coutumes primitives, tous les droits restèrent aux mains de celui qui n'avait plus aucun devoir. Ce fut là une source d'abus, le théâtre s'empara de la question. Ennius, Afranius, Plaute (2), mirent sur la scène ces divorces forcés, en même temps que Térence montrait aux Quirites, dans son imitation latine du « Pére bourreau de lui-même », les dangers de la Patria Potestas sur les fils. Le mariage libre et le droit de juridiction du pater subsistèrent pourtant, mais ce que le théâtre montrait au nom du sentiment était mis en relief par un contraste qui suggéra le remède. Le fils, qui dans la famille doit abandonner l'exercice de ses droits les plus sacrés au pater familias, jouit dans la Cité d'une indépendance absolue. *Genitor* il ne peut diriger l'éducation de ses propres enfants mais comme tuteur, il peut être chargé du soin d'enfants étrangers : il doit laisser à son pater ou même à un beau-père l'exercice de la manus sur sa femme au moment même où il peut, comme censeur,

1. Cassiodore *Epist.* 2 lib. 7 Variorum, fait déjà remarquer ce que la persistance de la patria potestas sur la fille mariée a d'exorbitant : « Durum libertatem liberam non habere unde liberi procreantur. »

2. Injuria abs te officior indigne pater.
Nam si improbum esse Cresphonten existimaveras.
Cur me huic locabas nuptiis sin est probus
Cur talem invitum, invitam cogis linquere.
(Ennius, dans Cic. *ad Herenn*, II, 24.)

O dignum facinus! Adolescentes optumas
Bene convenientes et concordes cum viris.
Repente viduas faciat spurcities patris.
(Afranius.)

Tantas viris qui absentibus nostris facit
Injurias immerito, nosque abducere
Ab iis vult. . . . .
(Plaute, *Sitchus*, I, 1.)

avoir à surveiller les mœurs de toute la cité; pour les opérations privées il n'a pas de patrimoine, et quand il s'agit de contribuer aux charges publiques, c'est d'après la fortune du pater qu'on le taxe : il est sans défense contre la toute puissance du pater, mais le peuple condamne le père qui en aurait voulu étendre l'exercice jusque dans le forum, et blâmerait le fils qui, revêtu de la toge consulaire, aurait oublié sa dignité officielle en faveur du représentant absolu de la magistrature domestique (1). Ce contraste, qui s'expliquait lui-même par la prédominance du droit de la Cité sur celui de famille ne suggéra pas au Romain la pensée de rétablir cette société sur ses véritables bases; mais elle leur inspira l'idée de corriger les vices que pouvait présenter son organisation en donnant au fils contre son père les mêmes garanties que le citoyen avait contre l'État.

A Rome, la liberté du citoyen ne reposait pas sur la limitation des prérogatives mais sur la responsabité des magistrats, la grandeur de leurs pouvoirs était compensée par la brièveté de leurs fonctions; le contrôle d'un collègue. le veto du tribun, l'accusation criminelle qui le menaçait à sa sortie de charge, lui tenaient lieu de règles précises sur les bornes de son autorité (2). L'application de ces principes à la patria potestas semblait difficile, jamais les Romains n'admirent la division de l'autorité dans la famille, et, par essence, elle était perpétuelle. Ces difficultés n'étaient pas insurmontables; les mœurs et les institutions politiques réussirent à les aplanir. On ne distingua pas entre l'administration de la patria potestas, qui n'était qu'une délégation de la puissance publique et la gestion de tout autre magistrature; on se servit de tous les moyens que donnait le droit public, de toutes les

1. Cic. De *Inventione* II, 17 — A. Gell. II, 2.
2. Cf. sur ces questions Laboulaye. *Essai sur les lois criminelle des Romains.*

occasions que fournissait la vie politique pour limiter et régler la patria potestas. La candidature était l'occupation quotidienne du citoyen ; à chaque lustre, le censeur en dressant la liste des citoyens, exerçait le *regimen morum ;* chaque fois que les comices se réunissaient, un magistrat pouvait saisir le peuple d'une accusation criminelle et improviser en même temps la définition d'un délit et la peine qui le frappait. Toutes ces institutions furent mises à contribution pour assurer la protection du filius familias et de la filia familias, de nombreux exemples nous l'attestent (1).

Soumis aux mêmes périls que le magistrat, le pater recourut aux mêmes précautions et il fut amené à n'exercer ses prérogatives les plus importantes qu'avec l'assistance d'un *consilium* ainsi que le faisaient tous les magistrats romains (2). Cette institution se développe surtout à l'occasion de l'exercice de la patria potestas, sur le filia fami-

1. La non-convocation du consilium pour le divorce de sa femme fit chasser du Sénat Lucius Antonius (Valer. Maxim., II, 9, 2). Dion. Halic., Frgm. Maï 20, 3, p. 523.— Egnatius Mecenius qui, avait tué sa femme surprise en flagrant délit de boire du vin fut acquitté par Romulus, mais par cela même traduit en jugement (Plin., *Hist. nat.*, XIV, 13) Dion. Halic., II, 25. — A l'égard du filius cf les exemples cités infra.

2. L'assistance d'un consilium dans l'exercice de leur juridiction était la règle pour tous les magistrats romains. Les rois s'entouraient déjà d'un consilium pour exercer la juridiction criminelle (Dion. Halic., IV, 56, III, 26, 30 — Dion Cassius, v. 23), Tite-Live reproche à Tarquin comme un des crimes de la tyrannie d'avoir jugé seul et sans consilium, (I, 49) : Cognitiones capitalium criminium sine consiliis per se solus exercebat (cf. Dion. Halic., II, 56). Sous la République cette institution se fortifie encore, T.-Live (XXIX, 21,) à propos d'une accusation criminelle contre Scipion, fait dire à un préteur : Si de Scipione queri vellent, légatos mitterent Messanam : ibi secum consilio cogniturum.... Et prætori et consilio haud mediocre onus demptum erat de Scipione cognoscendi. La formule même employée à propos des *Quæstiones perpetuæ* impliquait l'existence d'un conseil (*quæstioni præficere*). Ciceron (*in Verrem* II, 1, 28 seq. ibid. 5, 21) nous donne de précieux détails sur le rôle de ce consilium. Notons parmi les textes qui en font mention : Cic. *pro Roscio* 1, 8, Plin. Epist. II, 20, VI ; 1., enfin Actus Apostolorum 25, 12. Tum Festus cum consilio locutus — ce dernier texte, relatif à la comparution de saint Paul devant le proconsul de Judée, a été cité avec raison comme une preuve de l'exactitude des témoignages de saint Luc.

lias. Le droit de juridiction du pater sur les *matronæ* était à la fois très étendu et très délicat; il était juge, ainsi que nous l'avons vu, de tout le contentieux matrimonial (1); de plus, d'après les idées des anciens, certaines actions indifférentes pour les citoyens constituaient des délits pour les femmes (2). A des délits spéciaux et pour ainsi dire domestiques, il fallait une juridiction spéciale et le pater se trouvait tout désigné pour l'exercer. Pour les délits de droit commun, le peuple enlevait presque toujours le filius à la juridiction du pater en la prévenant ou même en la revendiquant; lorsqu'il s'agissait de la filia, il la lui confiait volontiers comme nous le voyons à propos des Bacchanales (3).

Le *consilium* du pater, exerçant sa compétence sur le filia familias, prit donc une organisation plus stable, comme toute institution de droit coutumier qui s'établit surtout par des précédents. Le choix des membres lui fut laissé, mais se restreignit par la force des choses à la catégorie des cognats de la femme (4), ceux-ci ou les autres

1. Le pater ne pouvait envoyer le repudium ou prononcer le divorce sans l'assistance des cognats de la femme. Les comiques font fréquemment allusion à cette institution, Plaute, *Amph.* II, 2 v. 219 : Quid si adduco tuum cognatum, etc. L'assistance d'un consilium était même obligatoire pour le mari en matière de divorce (cf. Den. d'Halicarnasse II, 27 Val., Max. II, 1, surtout A. Gell. 17. 21).

2. C'est ainsi qu'au témoignage de Denys d'Halicarnasse, II. 25, de Polybe. VI, fragm. de Pline, *Hist. nat.*, XIV. 13, la matrona pouvait être châtiée par le pater et même punie de mort si elle était surprise en flagrant délit buvant du vin, si elle avait dérobé les clefs de son mari. L'adultère était aussi un délit éminemment domestique, il n'était pas poursuivi chez le mari. Cf. sur toutes ces questions le passage du Traité de la dot de Caton; A. Gelle X, 23, 9. Tit. Liv. 39. 18.

3. Cet exemple de l'application de la juridiction domestique n'est pas le seul cf. Tit. Liv. Epit. 48 et Val Max, VI, 3. 8.

4. Nécessairement il devait appeler dans le consilium ceux dont il pouvait craindre la vengeance et qui offraient à l'accusée des garanties d'impartialité; tous les textes confirment cette conjecture, Valer, Max, VI, 3. 7., V. 8. 3.— V. 9. 1.— Tit. Liv. 39. 18, Cognati. — Val. Max. 6. 3. 8. propinqui.— A. Gelle 17. 21. amici —mais en principe le pater comme tout magistrat en pouvait choisir librement tous les membres.

personnes qui composaient le *consilium* n'étaient pas seulement des témoins, ils avaient voix délibérative ou du moins le pater aurait eu à craindre la note du censeur ou même une accusation criminelle aussi bien pour n'avoir pas adopté l'avis du consilium que pour ne l'avoir pas provoqué (1).

Ces résultats semblent incontestables, reposent sur de nombreux exemples et sont acceptés par presque tous les auteurs, quand il s'agit de la femme, in manu, c'est-à-dire de la filia familias; mais ils ne sont pas admis aussi facilement quand il s'agit du filius familias. Méconnaissant l'unité de l'autorité domestique en droit romain, oubliant que le juge de la femme, fût-il le mari, exerce la puissance paternelle et non la puissance maritale (2), certains auteurs soutiennent qu'aucun des traits que nous avons cités n'est applicable au pater familias et prétendent que cette extension qui semble si naturelle, est démentie par les faits mêmes.

Ce démenti est plus apparent que réel. Les exemples qu'on invoque s'expliquent ainsi : ou ce ne sont pas des cas de juridiction domestique, ou ils contiennent la preuve qu'on appliquait à la juridiction domestique les règles en usage pour la juridiction publique. Dans tous les exem-

1. L'opinion commune est que le consilium du magistrat avait voix délibérative. Tite Live en reprochant à Tullius d'avoir jugé sans consilium, Cicéron en accusant Verrès, d'avoir choisi pour le composer son barbier et son scribe, nous montrent que les membres du consilium ne servaientpas seulement de témoins au jugement, mais y prenaient une part décisive. Presque tous les auteurs l'admettent quand il s'agit des magistrats, en tout cas personne ne s'avise de conclure de l'incertitude où nous sommes de son rôle au caractère purement facultatif de sa convocation. C'est ce que l'on a fait cependant pour le consilium du pater.

2. Nous ne discuterons pas ici l'opinion de M. Gide sur la *manus*. M. Dubrulle dans une thèse sur les Droits du mari sur la personne de la femme, a fort bien traité la question et montré par l'étude attentive des textes, les côtés faibles d'un système plus ingénieux qu'exact. Nous verrons plus loin ce qu'il faut penser du procès de Pomponia Græcina.

ples qu'on cite, le détenteur de la manus aurait été de même dispensé de convoquer le consilium. Cette preuve négative ne nous suffit pas et des exemples certains nous permettent d'affirmer que la convocation du consilium était aussi obligatoire pour le pater que pour le détenteur de la manus, que l'omission de cette règle avait absolument les mêmes sanctions, enfin que l'influence des membres convoqués y était aussi efficace.

La présence du consilium n'est pas mentionnée dans la condamnation de Decius Silanus. C'est qu'il ne s'agit par là de l'exercice de la patria potestas (1). Titus Manlius l'avait perdue sur son fils en le donnent en adoption à Silanus (2), et il n'a pu juger le coupable qu'en vertu d'une délégation du Sénat, au moyen d'une *quæstio* qu'on confiait souvent à un juge unique(3) .La mise à mort des complices de Catilina (4) par leurs parents, s'explique par une sorte de mise hors la loi dont Salluste nous parle ; l'exemple de Fulvius que l'on cite d'ordinaire, peut même s'expliquer par la règle en vertu de laquelle, quand le délit était constant, la punition du coupable pouvait avoir lieu sans aucun jugement (5). Chaque fois au contraire que nous

1. Nous ne discutons pas les cas où la juridiction du père s'exerce sur l'enfant en vertu de l'*imperium* consulaire ; à aucun titre, les exemples cités par Tite-Live II, 5, VII, 7 ne peuvent être invoqués dans la discussion du *jus vitæ necisque.*

2. Cic. *de Fin.* I, 7. L. Torquatus is qui cum Cn. Octavio consul fuit illam severitatem in eo filio adhibuit quem *in adoptionem D. Silano emancipaverat.* T. Liv. Epit. 54 quum senatus de querelis eorum vellet cognoscere T. Manlius Torquatus Silani pater petiit impetravit que ut sibi *cognitio mandaretur* et domi cognita causa filium condemnavit. Valer. Max. V, 8, 3 fort oratoire suivant son habitude et comprenant mal l'espèce est le seul qui croie devoir faire cette remarque ne consilio quidem necessariorum indigere se credidit.

3. T. Liv. 32, 26 — 33, 36 28, 10 — 29,3 42,21 — 39,14 quœstionem deinde de Bacchanalibus extra ordinem mandant — Val. Max. IV. 7. 1. Nam quum senatus Rupilio et Lœnati consulibus mandasset ut in eos qui cum Graccho consenserant more majorum animad verterent.

4. Cf. Dio Cassius, 37, 36. Sallus 1. *Catil* 52.

5. L'histoire de A. Fulvius est racontée par Sall. Catil, 3, 9. Valer. Max.

trouvons un exemple de juridiction paternelle régulier et normal, nous pouvons constater la présence du consilium. Dans le procès de Sp. Cassius, rapporté par six auteurs différents, il est expressément relevé (1) ; dans celui de P. Gellius, non seulement Valère Maxime le mentionne, mais il nous renseigne sur sa composition et sur son rôle (2). Le père appelle presque tout le Sénat dans son consilium et déclare son fils absous tant par son arrêt que par celui du consilium.

Ces dernières expressions ne sont pas une preuve convaincante en faveur du rôle décisif du consilium, mais les détails circonstanciés que nous a transmis Senèque (3), sur une cause célèbre dans les annales de la juridiction domestique, viennent leur donner une grande force. T. Arius, pour juger son fils accusé de parricide, appela Auguste dans son consilium, et celui-ci, afin de laisser entière la liberté des votes, exigea qu'ils fussent secrets. On ne peut dire a *contrario*, qu'en général les avis n'étaient pas individuels. Auguste a changé la forme du vote, il n'en a pas transformé la valeur.

En toutes ces matières, le pater avait la même liberté que le magistrat ; mais il était responsable de la façon dont il

V. 85. Fulvius filium juvenem Catilinæ secutum inque castra ejus ruentem medio itinere abstractum supplicio mortis adfecit. Sur cette règle du droit criminel qui explique l'absence du consilium en cas de flagrant délit d'adultère ou quand la femme était surprise buvant du vin. Cf. Macrob. Sat. I, 4 — Collat. VII. 2 — Cic. de Rep. II, 36,61 — T. Liv. 39,17. Adducti ad consules fassique de se nullam moram judicio fecerunt.

1. Valer. Maxim., V, 8,2 adhibito propinquorum et amicorum concilio, T. Liv. II, 41. Cognita domi causa Dion. Halic, IV, 79. Cic. de *Rep.* II, 35. Plin. *Hist. nat.* 34, 4. Florus, I, 26.

2. Valer. Max. V, 9. 1.

3. Sen. de *Clementia*, I, 25. Cogniturus de filio, T. Arius advocavit in consilium Cæsarem Augustum, venit in privates pænates, pars consilii alieni fuit... petiit ut sententiam suam quisque scriberet ne ea omnium fieret quæ Cæsaris fuisset. — On pourrait peut-être rapprocher du récit de Senèque ce que nous raconte Suetone *Aug.* 33. On y trouverait une nouvelle preuve de la scrupuleuse application des règles ordinaires à la juridiction domestique.

avait exercé la patria potestas et le manus, comptable de sa conduite, non pas seulement devant l'opinion publique, mais devant le censeur (1), et devant le peuple jugeant criminellement. Ainsi Manlius est accusé devant le peuple par un tribun pour avoir sequestré illégalement son fils (T. Live 7. 4). Sous le quatrième consulat de Marius, Cn. Pompée cite devant les comices Q. Fabius accusé d'avoir tué son fils à la campagne, avec l'aide de deux esclaves (P. Orosius V. 16). Herixo est sur le point d'être massacré dans les comices avant même d'avoir été jugé sur l'accusation d'un fait analogue (Sen., de *Clem.* I, 14). La convocation du consilium n'était donc pas simplement une pratique conseillée par les mœurs, c'était une véritable institution établie et sanctionnée par le droit positif, car le droit coutumier et le droit criminel méritent ce nom au même titre que les codifications et la législation civile (2). Le pater n'était pas seulement responsable de l'exercice de son droit de juridiction, il l'était encore de son droit d'éducation, Manlius est accusé criminellement par un tribun pour n'avoir pas donné à son fils une éducation convenable, et si cet attribut de la patria potestas devait donner rarement lieu à des accusations criminelles, il provoquait souvent la note du censeur.

Ce serait un travail bien curieux que de reconstituer la jurisprudence censoriale. Malheureusement les monuments qui pouvaient la conserver, si jamais ils existèrent, ont disparu, et pour essayer de l'esquisser il nous faut re-

1. C'est une erreur de ne voir dans la juridiction du censeur qu'une juridiction purement morale. Elle avait à sa disposition des peines plus graves même que notre dégradation civique.

2. En jugeant la patria potestas sans la rapprocher du droit pénal et du droit public on commet une erreur analogue à celle dont serait victime un étranger qui jugerait notre droit d'association sans consulter le Code pénal ou les lois administratives.

courir à des sources d'une authenticité douteuse et d'une application indirecte : la Vie de Caton par Plutarque (1), et certains textes du Digeste où l'on peut voir l'influence éloignée de la jurisprudence du censeur, nous permettent d'en deviner quelques traits. Si Caton fut le type des dépositaires de ce pouvoir redoutable, l'éducation des enfants devait être un des chefs principaux de l'examen rigoureux auquel chaque citoyen voyait soumettre sa conduite. A ces sortes d'assises quinquennales on se montrait sévère pour les fautes ou les négligences commises par le pater. Valère Maxime nous a conservé le souvenir d'habitudes de délicatesse, de pudeur, entre parents, bien rares dans le monde païen, et Caton d'une tolérance cynique quand il s'agissait de la moralité de ses esclaves, chassait du Sénat un Manlius, « pour autant qu'en plein jour et devant sa fille, il avait trop amoureusement embrassé sa femme. » Lui-même « se donnait autant garde d'user de paroles sales et vilaines en la présence de son fils comme il eût fait devant les religieuses vestales. » Si devenu veuf il se prit à rougir du concubinage où il vivait, ce fut devant le muet reproche de son fils et de sa belle-fille, tant la nécessité de l'exemple et le sentiment de sa mission réussissaient à élever et purifier l'âme païenne du pater familias romain

Il n'était pas seulement responsable d'ailleurs de la pureté morale de ses enfants, et très certainement le censeur tenait à ce que leur éducation fut en rapport avec leur situation sociale. Caton devait être ici d'autant plus exigeant qu'il pouvait se souvenir sur son siège de magistrat de ses propres théories. Il demandait au citoyen qui comparaissait devant lui « de ne point vouloir que son fils fut tenu ni redevable à un esclave d'une si belle et grande chose comme de lui avoir enseigné les lettres » et il lui montrait

1. Cf. Plutarque, vie de Caton le Censeur *passim*.

« que celui qui battait un enfant commettait aussi grand sacrilège comme qui violerait ou pillerait les plus saintes choses qui soient au monde. »

Le censeur était-il aussi rigoureux quand il contrôlait le pouvoir qu'avait le père de disposer de la personne de ses enfants. Evidemment oui pour les actes ou la cité était directement intéressée, par exemple pour l'adoption ou pour l'émancipation, mais pour le mariage on pourrait en douter à en juger par l'exemple de Caton lui-même. Plutarque nous raconte que le jour ou ce gardien des vieilles et bonnes mœurs voulut se remarier il alla directement au Forum demander a Favorinus la main de sa fille et conclut avec lui la *sponsio* sur l'heure sans se préoccuper aucunement des sentiments de la fiancée, dont la liberté devait être bien compromise par le consentement du père.

Cependant tous les témoignages nous montrent que le mariage des enfants était considéré comme un acte des plus graves, et à ce titre il appelait certainement la vigilance du censeur. L'usage voulait qu'on consultât la mère voire même le jurisconsulte que la famille honorait de sa confiance (1). Le censeur faisait sans doute respecter ces coutumes et le fils pouvait trouver en lui un vengeur quand la résistance aux abus d'autorité du père s'appuyait sur des motifs légitimes. Le chapitre de l'édit du prêteur relatif à l'infamie, reproduit par le Digeste n'est, sur certains points, que le résumé de l'ancienne jurisprudence censoriale. Nous y voyons l'infamie atteindre le pater qui force sa fille à se remarier pendant les dix mois de viduité et ne pas être appliquée, au contraire, à celui qui a épousé une femme dans ces conditions sur l'ordre de son père.

Les mœurs allaient audelà et l'on peut affirmer que la mère expressément exclue de la magistrature domestique

1. Cic., *de Oratore*, III, § 53. Non solum ad eos, de jure civili verum etiam de filia collocanda... referretur.

et de toutes les fonctions (1) qui s'y rattachent, occupait dans la vie de famille la place qui lui convient. La jolie anecdote que Tite-Live nous raconte à propos du mariage de la fille de Scipion l'Africain en est la preuve (2). Celui-ci, pendant un festin du Sénat au Capitole avait fiancé sa fille à Gracchus. A son retour il dit à sa femme qu'il a conclu la *sponsio* pour le mariage de sa cadette; la matrone se plaint et le querelle « de ce que pour disposer du sort de la fille commune, la mère n'a pas été consultée ». Scipion cite le nom de Gracchus et aussitôt tout cet émoi s'apaise devant l'heureux choix du fiancé.

Après la mort du pater, la mère continue à n'avoir aucun rôle officiel; mais, ainsi que nous pouvons le voir par un récit de Tite-Live dont la scène, il est vrai, est à Ardée (3), elle partageait l'influence des agnats quand il s'agissait de la direction des enfants. C'était même la mère qui, en principe, recevait la garde et l'éducation de ses fils et de ses filles dont elle ne pouvait jamais gérer la tutelle (4).

Ici on peut reconnaître « une démarcation tranchée entre le domaine des mœurs et celui des lois », et le droit de garde de la mère est un des rares exemples où nous voyons les Romains laisser celles-ci corriger celles-là.

Les institutions de famille restèrent robustes et prospères tant que Rome fut la petite ville des vieux Quirites, laborieuse, sobre et toute pleine d'une vie publique active; elles ne durèrent pas plus que la constitution républicaine et elles ne réussirent ni à la protéger, ni à la sauver. Fondée sur des institutions politiques fragiles, la patria potestas était ébranlée par leur ruine et elle avait besoin d'être remaniée comme la constitution même de la cité.

1. Ulpien Fragm. Vatl., tit. VIII, § 8, — L, 5. C. *de Adopt.*
2. Tit. Liv. 38, 57.
3. T. Liv., 4, 9.
4. T. Liv., 39, 6.

Auguste le comprit et il déploya son activité dans ce domaine sous deux formes bien différentes. Animé d'un véritable zèle archéologique, il rétablit la censure, fit usage de l'ancien droit d'exposition en condamnant à périr l'enfant de son indigne petite fille Julia (1) et prit plaisir à autoriser par sa présence l'exercice de la juridiction domestique d'Arius. En même temps, sans s'apercevoir des contradictions de son œuvre, il introduisit dans la patria potestas par les lois Julia *de Adulteriis* et Pappia Poppæa *de maritandis ordinibus*, des réformes qui constataient et consacraient la décadence des anciennes institutions. La première fit de l'adultère une *quæstio perpetua* et par cela même ôta à la juridiction domestique sa compétence la plus importante. Auguste réservait certains privilèges à la famille, mais sans respecter aucun des anciens principes de son organisation. Le mari, même détenteur de la manus ne pouvait user du *jus vitae necisque* (2) que les maris romains semblent avoir laissé éteindre par prescription, mais il était forcé par la loi de répudier sa femme (3) et fût-il filius familius, il pouvait intenter seul l'accusation publique malgré les règles qui, généralement refusaient cette faculté aux fils de famille (4). Le pater au contraire avait le droit de tuer sa fille et son complice pris en flagrant délit, et obtenait contre la coupable une action privilégiée ; il pouvait exercer ces droits même s'il était filius familias même si sa fille était in manu mariti pourvu qu'il fut lui-même *genitor* (5), le grand-père même exerçant la patria potestas

1. Suet. Aug., 65. Ex nepte Julia post damnationem editum infantem adgnosci alique vetuit.

2. D. 48, 5, 32 pr. — 22 § 4 Paul. sentent. I, 26, 4. — Cf. Paul. Coll. *de Adult.* c. 4. 2.

3. D. eod tit. 29 pr.

4. Coll. *de Adult.*, c. 4, l. 2 — D, eod. tit. 37.

5. Dg. 48, 5, 20 et 21. Cf. Coll. *de Adult.*, 12, § 2. — Filius familias pater ... permittitur etiam ei ut occidat. — Coll. ibid. 4. 2. Secundo Capite permit-

ne pouvait les invoquer. Cette loi contenait de tristes aveux sur l'état de la famille romaine mais elle était conforme au droit naturel ; on n'en peut dire autant de la loi Pappia Poppæa, pourtant en rendant le mariage obligatoire, celle-ci affranchit les enfants. Menacé des peines de la loi *de maritandis ordinibus*, le fils de famille put forcer le père a justifier son refus de consentir au mariage. Le magistrat devint juge entre le père et le fils sur cette grave question, bientôt même il put forcer les parents à doter leur fille (1). Toutes ces réformes étaient des conquêtes du droit naturel, mais des conquêtes peu glorieuses comme toutes celles qu'on ne fait pas avec ses propres forces.

Les éloges d'Horace ne tardèrent pas d'ailleurs à devenir sans objet et les excès des premiers empereurs païens dans le domaine des droits de famille allaient démontrer à tous les vices de son organisation. La République romaine s'était servie de la patria potestas pour préparer ses citoyens par la rude discipline du pater, les empereurs s'en servirent pour trouver des complices et des bourreaux. On cite ordinairement comme preuve de la vitalité de l'organisation de la famille romaine les exemples de juridiction domestique que l'on rencontre sous Tibère et sous Néron. C'est, croyons-nous, une erreur. A cette époque, par le fait même du changement des institutions, par les réformes de la loi Julia et de l'organisation criminelle, les anciennes prérogatives de la patria potestas étaient tombées en désuétude et pouvaient passer pour abrogées.

tit patri si in filia quam in potestate habet aut in ea quæ eo auctore cum in potestate erat viro in manum convenerit... isque in eam rem socerum adhibuerit... ut filiam occidat.

1. D. 23. 2, 19. Capite trigesimo quinto legis Juliæ qui liberos quos habent in potestate injuria prohibuerunt ducere uxores vel nubere vel dotem dare non volunt, ex constitutione divorum Severi et Antonini per proconsules præsides que provinciarum coguntur in matrimonium collocare et dotare.

Au dire de Suetone (1) Tibère fit condamner des femmes sous l'accusation d'adultère, par la sentence de leurs proches, suivant la coutume des anciens. Il suffit de rapprocher la circonstance relevée par Suetone « quibus accusator publicus deesset, » des passages de Tacite (2) si bien commentées par Montesquieu, pour comprendre le sens de cette application de la juridiction domestique. Le zèle de Tibère contre l'adultère se confondait avec sa prédilection pour le crime de lèse majesté. Au lieu de tolérer dans les familles leur ancien droit de juridiction aboli par la loi Julia, il leur en imposait l'exercice en dehors de toutes les conditions ordinaires et contre toutes les règles. Il obtenait des condamnations à huis clos sans avoir même la peine de justifier une accusation ou d'invoquer un texte de loi; l'ancien arbitraire de la patria potestas servait aux crimes juridiques d'un despote.

Néron voulut continuer la tradition et Tacite nous a encore transmis le récit d'un procès devant la juridiction domestique. Plautius à son retour de Bretagne reçut *la permission* de Néron de traduire devant lui sa femme Pomponia Græcina accusée de « superstition étrangère « c'est-à-dire d'un crime qui n'avait encore aucune qualification légale. Assisté de ses proches, Plautius eut le courage de l'absoudre et de résister à la volonté du persécuteur des chrétiens (3). D'après une conjecture presque

1. Suet. *Tib.* 35.

2. Tac. Ann. Lib. III, culpam inter viros et feminas vulgatam gravi nomine læsarum religionum appellando, clementiam majorum suasque ipse leges egrediebatur. Proprium id Tiberio fuit scelera nuper reperta priscis verbis obtegere.

3. Tac. Ann. XIII, 32. Pomponia Græcina Plautio qui ovans se de Britannis retulit nupta ac superstitionis externæ rea mariti judicio *permissa*. Is que prisco instituto propinquis coram de capite famaque conjugis cognovit et insontem nuntiavit. La manus était alors tombée en désuétude et ce procès sert d'argument à ceux qui veulent faire de la manus un simple pouvoir sur les biens. cet épisode bien compris ne nous semble pas jutifier de pareilles conclusions.

certaine en effet (1), Pomponia Græcina était chrétienne et d'autres fidèles subirent probablement des persécutions analogues. D'après le récit de Dion Cassius, Clémens et « d'autres cognats » de Domitien, furent tués sur son ordre; là encore le tout-puissant César prit peut-être plaisir à déguiser son crime sous d'anciens souvenirs (2).

L'application détournée des anciennes institutions de la patria potestas à la persécution des chrétiens n'est qu'une conjecture mais elle semble justifiée par un texte de Tertullien (3). Au début de l'Apologétique, il justifie sa tentative en disant que les chrétiens ne sont pas soumis à des accusations publiques et que, « condamnés dans des procès domestiques, *domesticis judiciis* comme on l'a vu naguères, » ils n'ont pu faire entendre leur défense. C'est là un passage caractéristique. Si notre interprétation est exacte, le Christianisme contribua dès ses origines, par les excès dont ses fidèles furent les victimes, au triomphe du Droit naturel. La transformation de la famille en un corps politique est un principe funeste, la République romaine grâce à l'équilibre admirable de ses institutions put le faire oublier, l'Empire républicain se chargea de le prouver.

1. On a trouvé dans les catacombes une épitaphe chrétienne au nom de Pomponius Græcinus cf. de Rossi *Roma sulterr.*, t. II, p. 333.

2. Cf. sur cette intéressante question de Rossi *Bulletin d'archéologie chrétienne*, année 1875.

3. Tertul. Apol. I. Si non licet vobis Romani imperii antistites, in aperto et edito, in ipso fere vertice civitatis præsidentibus ad judicandum palam dispicere et coram examinare quid sit liquido in causa Christianorum ; si ad hanc solam speciem auctoritas vestra de justitiæ diligentia, in publico aut timet aut erubescit inquirere ; si denique quod proxime accidit, *domesticis judiciis* nimis operata sectæ hujus infestatio obstruit defensioni : liceat veritati vel oc culta via tacitarum litterarum ad aures vestras pervenire.

CHAPITRE TROISIÈME

LA PATRIA POTESTAS DANS LES OUVRAGES DES JURISCONSULTES DES IIe ET IIIe SIÈCLES ET DANS LA LÉGISLATION DES EMPEREURS PAÏENS.

La patria potestas avait traversé, pendant la première partie de l'Empire, la même épreuve que toutes les institutions républicaines; elle avait été démantelée et faussée. Cette crise une fois passée, qu'allait-elle devenir au moment où les grands jurisconsultes assuraient au Droit romain l'immortalité d'un chef-d'œuvre scientifique et où les honnêtes empereurs païens s'efforçaient de donner au monde romain la paix et l'ordre?

La religion des ancêtres était morte la famille; désorganisée par le divorce, annulée dans son rôle politique, ne recherchait plus comme jadis la stabilité et la perpétuité; l'adoption pouvait servir à recruter la succession des empereurs et à rétablir artificiellement l'ordre naturel de la famille, elle était inutile à l'aristocratie vaincue, le pater n'avait plus à former le filius à la vie politique; la création des pécules et le développement des richesses mobilières rompaient la centralisation économique de la famille et dégageaient la personnalité du fils. D'un autre côté, le Droit naturel faisait des progrès dans l'opinion publique; Senèque et les stoïciens étudiaientl 'individu en dehors du citoyen, et découvraient l'homme sous l'esclave. Tout semblait donc présager une restauration de la patria potestas sur de nouvelles bases.

Il n'en fut rien; et la Jurisprudence des premier et

second siècles, est un curieux mélange des anciens principes et des idées nouvelles.

Les jurisconsultes de l'époque des Antonins voulurent rester fidèles à l'ancienne organisation de la famille, qui rappelait à leur cœur les souvenirs de l'ancienne Rome, et, dont la rigueur géométrique, séduisait leur esprit méthodique, tout habitué aux abstractions stoïciennes. N'ayant plus sous les yeux les institutions qui en expliquaient le plan, ils cherchèrent en dehors du Droit public un principe qui en coordonnât et en justifiât les différentes parties ; ils le trouvèrent dans une analogie qui existait déjà dans l'ancien droit, mais qui disparaissait sous les autres caractères de l'autorité domestique. Chez eux, le pater n'est plus le chef d'une société où l'unité est nécessaire, c'est le titulaire de droits, qui tous prennent la forme et les modalités des droits de propriété (1).

A la clarté de ce principe, tout s'ordonne et préseute un enchaînement satisfaisant. Le citoyen romain, sui juris, indépendant, ne relevant que de lui et de la loi, pater familias en un mot, veut-il sortir de son isolement et recruter sa famille de filii, comme il l'a enrichie déjà d'esclaves ? Il peut le faire soit en engendrant des enfants dans

1. La place même que la patria potestas occupe dans leurs expositions systématiques du droit romain est significative. Le droit s'occupe des personnes et des choses. Parmi les personnes, les unes sont capables mais soumises à un pouvoir étranger qui leur enlève sinon l'usage, du moins le bénéfice de leur personnalité : ce sont les personnes alieni juris ; les autres exercent la plénitude de leurs droits et sont maîtresses absolues de leur patrimoine et de leurs droits de famille : ce sont les patres familias ceux-ci non-seulement peuvent acquérir la propriété sur les choses, mais encore peuvent devenir titulaires de droits sur certains individus. C'est l'étude de la capacité du paterfamilias quant aux pouvoirs sur les personnes qui constitue le droit de famille. Dig. lib. 50 tit. 16, L. 165 § 2. Pater autem familias appellatur qui in domo dominium habet, recteque hoc nomine appellatur quamvis familiam non habeat non enim solam personam ejus sed et jus demonstramus. Sui juris sunt familiarum suarum principes.

des justes noces (1), soit en autorisant le mariage de ses fils qui lui donneront des petits enfants (2), soit en se créant une paternité fictive par l'adoption, sans entrer dans les liens du mariage (3). Mais quelle que soit la source de sa patria potestas, elle suppose toujours un acte libre de volonté de la part du pater, maître de règler la composition de sa famille comme la constitution de son patrimoine. « Nemini invito hæres suus adgnascatur. »

Le paterfamilias est d'ailleurs aussi maître de son droit de patria potestas que d'un droit de propriété (4), il peut l'éteindre en émancipant le filius, sans avoir à rendre compte de ses motifs à personne (5), le transmettre à autrui en donnant son enfant en adoption sans garder aucune des charges de la paternité (6), en concéder le domaine utile, pour se créer des ressources, en mancipant le filius (7), ou, pour éviter des responsabilités pécuniaires, en abandonnant en noxe le *caput* coupable d'un délit (8), en confier la charge à un successeur en donnant à ses

1. Gaius I, 55. In potestate nostra sunt liberi nostri quos justis nuptiis procreavimus.

2. Justin. Inst. Lib. 1 tit. IX § 3.

3. Filiosfamilias non solum natura verum et adoptiones faciunt Dig. Lib. I tit. 7 L. 1 pr.

Et qui uxores non habent filios adoptare possunt. Dig. Lib. 1, tit. 7. L. 30.

4. La l. 33. De ritu Nupt. Dig, 23. 2 semble contredire cette idée puisqu'elle ne permet pas au pater de se dépouiller de son droit sur le mariage de la fille en lui donnant un mandat général *quærendi mariti*. Mais il faut remarquer que ce texte nous a été conservé par Justinien, c'est-à-dire par un empereur chrétien qui voit dans le consentement des parents un principe de protection pour l'inexpérience des enfants; dans l'esprit de Papinien, l'auteur du fragment, la question à résoudre était celle-ci. Comment faut-il interpréter ce mandat? La teneur de ce mandat qui est seulement de se chercher un mari ne peut équivaloir à un mandat conçu en ces termes : ut cui nubere velit.

5. Non causæ quibus motus pater emancipavit filium sed actus solemnitas requiritur, L. 3, Cod de Emancip.

6. Onera ejus qui in adoptionem datus est ad patrem adoptivum transferuuntur, Lib. I, tit. 7, L. 45 Dig.

7. Gaius, I, 117.

8. Gaius IV. 79. Dans ce cas, le census ne libérait pas le filius du mancipium Gaius I, § 140, nam hunc pro pecunia habet.

enfants un tuteur par testament. Transmissible à volonté par les mêmes modes qu'une res mancipi, la patria potestas est perpétuelle de son essence comme le dominium, comme toute création de la volonté de l'homme; les modifications qui peuvent survenir dans l'état de ceux qui en sont l'objet, n'influent en rien sur le rapport qui les unit à celui qui en est titulaire. Ni la majorité qui fait sortir le pupille de la tutelle, ni les justes noces qui au lendemain de la mort de son pater, l'investiront d'un droit égal sur enfants (1), ne le délivrent de la patria potestas. Il n'en sort que par un acte libre de la volonté de son pater, par sa mort ou par la *maxima* ou *media capitis diminutio* survenues soit dans sa personne soit dans celle de son pater. Le père, privé de sa qualité de citoyen par l'effet d'une peine, perd sa patria potestas; captif des ennemis, il ne peut plus l'exercer jusqu'au jour où le *postliminium* lui rend la propriété sur ses biens et la puissance sur ses enfants (2).

La patria potestas en effet n'est que l'extension de la personnalité du pater, une application de sa capacité, une multiplication de ses puissances juridiques. Tout ce que le fils recueille appartient en principe au père; tous les droits personnels qu'il acquiert sont exercés par le père, titulaire de la patria potestas sur ses petits enfants, comme il est propriétaire des accroissements de son *ager*; la personnalité du pater ne se divise pas, elle se multiplie, aussi ne peut-il y avoir de procès entre le pater et les membres de la famille (3), même à l'occasion des délits qu'ils commettraient, même pour les injures dont il les rendrait victimes (4) : au contraire, le père a une action

1. Gaius I, 127. Dig. I, 6, 5.
2. Gaius I. 129.
3. Dig. 47, 2, 16.
4. Dig. 47, 10 L. 793.

personnelle pour les injures faites aux personnes soumises à sa puissance (1), et il est responsable personnellement des faits délictueux qu'elles ont commis (2).

S'agit-il de faire respecter par les tiers la patria potestas? On assure à son titulaire les actions les plus efficaces; s'il est obligé de faire subir à la formule de la revendication une correction pour indiquer que ce n'est pas un droit sur une chose qu'il invoque, il ne dispose pas moins de cette action puissante pour recouvrer son fils (3), il peut demander au préteur un interdictum de liberis exhibendis (4), analogue à l'interdictum de exhibendo, et réclamer même un autre interdit encore plus énergique, de liberis ducendis (5). Bien plus il peut intenter l'actio furti et la condictio furtiva ne lui est refusée que parce qu'elle implique l'affirmation d'un véritable droit de propriété (6).

Ce parallèle que nous venons de tracer entre la patria potestas et le *dominim ex jure quiritium* ne nous semble pas forcé, mais il ne faut pas en exagérer la portée: Gaius, Ulpien, Paul, fidèles à ce qu'on a spirituellement

1. Gaius III, § 221.
2. Gaius IV, 77.
3. Dig. 6, 1, 1, § 2. Le texte refuse au pater la revendication pure et simple mais cite sans la combattre l'opinion de Pomponius qui l'admettait *adjecta causa*.
4. La formule nous eu a été conservée. Dig. lib. 43 tit. 30 L. 1. Qui quæve ni potestate Lucii Titii est, si is eave apud te est dolove malo tuo factum est quominus apud te esset ita eum eamve exibeas. Contre le fils lui-même, le père a la cognitio prætoris, L. 3 § 3 eod. tit. Le præjudicium de liberis servait probablement à résoudre la question de l'existence de la patria potestas, quand elle se présentait accessoirement à un autre procès.
5. Dig. 43. 30 3. Si Lucius Titius in potestate Lucii Titii est. quominus eum Lucio Titio ducere liceat vim fieri veto. Interdictum de exhibendis exhibitorium est, hoc autem pertinet ad ductionem ut ducere quis possit eos in quos habet jus potestatis.
6. Dig. de Furtis 47, 2. 37 et 38 § 1. Si filius familias subreptus sit patrem habere furti actionem palam est. Mater filii subrepti actionem non habet. Liberarum personarum nomine licet furti actio sit, condictio tamen nusquam est.

appelé les habitudes d'économie de la jurisprudence romaine, peuvent avoir donné à deux rapports différents une forme analogue, mais ils ne les confondent pas : leur besoin de synthèse, leur rigueur de méthode ne les empêche pas de voir dans la patria potestas un droit distinct de celui de la propriété, essentiellement relatif et limité par la nature même de l'objet auquel il s'applique. Ils avaient puisé dans leur éducation stoïcienne une idée trop haute de la dignité de l'homme pour tomber dans une erreur que les anciens Quirites n'avaient jamais commise.

La patria potestas s'acquiert par un acte de libre volonté, mais si cette liberté est respectable chez le pater familias, elle l'est aussi chez le filius familias qui demain, par la mort de son père, sera pater familias à son tour. Ce simple raisonnement, s'il n'assure pas la liberté de la filia (1), suffit pour affranchir en partie le filius (2) et pour lui rendre l'exercice d'une partie de ses droits sur ses enfants, du vivant même de leur grand'père. Le *genitor* n'avait pas besoin de consentir au mariage de sa fille (3). mais pour le mariage de son fils, il devait donner son consentement (4) et le pater familias ne peut adopter un étranger à titre de petit-fils, c'est-à-dire le donner à son

1. Le paterfamilins n'est pas tenu tenu d'avoir le consentément exprès de la fille au mariage. Ulp. L. 12. Dig. de Spons. D. 23, 1. Quæ patris voluntati non repugnat consentire intelligitur. Elle n'a même le droit de refuser que si le parti proposé est indigne, L. 12. Dig. 23. 1, § 1. En revanche le consentement exprès du pater au mariage de la fille qui ne devait pas soumettre de petits enfants à sa puissance, n'était pas exigé. Paul Dig. 21, 1 L. 7, § 1 Intelligi semper filiæ patrem consentire, nisi evidenter dissentiret Julianus dicit.

2. Paul. Dig. 23, 1, 13 Filiofamilias dissentiente sponsalia nomine ejus fieri non possunt.

3. Paul. eod. tit. 16. 1. Neptis vero si nubat, voluntas et auctoritas avi sufficit.

4. Paul Dig. 23, 2, 16, § 1. Nepote uxorem ducente et filius consentire debet.

filius pour fils, sans le consentement de celui-ci (1) : la personnalité du filius sommeille, mais elle n'est pas morte.

Le filius familias est un homme libre; le droit de disposition du pater est limité par ce caractère même. Le père ne peut l'émanciper (2) ni le donner en adoption contre sa volonté (3); il ne doit pas le maltraiter « son pouvoir ne lui est donné que pour l'affection et non pour la cruauté » (4); s'il peut louer ses services, il ne doit ni le vendre ni le donner en gage : un homme libre n'a pas de prix (5). Surtout il ne peut invoquer sa puissance pour justifier l'exposition d'un enfant. « Non seulement il faut compter parmi les assassins celui qui tue l'enfant avant sa naissance, mais encore celui qui l'expose dans un lieu public pour exciter une pitié qu'il n'a pas lui-même. » Ce dernier texte de Paul (6) est remarquable : il fait dire au commentaire de la loi païenne une vérité qui s'était déjà rencontrée sous la plume d'un apologiste chrétien; Athénagore (7) en adressant à Marc Aurèle l'apologie des mœurs chrétiennes qui semble aussi contenir une cruelle satire des mœurs païennes, dit de même : « Nous tenons pour homicides les femmes qui se font avorter, et nous croyons que c'est tuer un enfant que de l'exposer. »

Le rapprochement est peut-être fortuit et il reste téméraire de soutenir que le christianisme a influé directement ou même par voie de réaction sur la jurisprudence des

1. Paul Dig. 1, 7, 6. Quum nepos adoptatur quasi filio natus consensus filii exigitur.

2. Paul Sent., 2, 25, 5. Filius familias emancipari invitus non cogitur.

3. Cels. Dig., I, 7, 5. Sin a patre dantur in adoptionem, utriusque arbitrium spectandum est vel consentiendo vel non contradicendo.

4. Marcianus Dig., 48, 9, 5. Nam patria potestas in pietate debet non in atrocitate consistere.

5. Paul Sent., 5, I, 1.

6. Paul Dig., 25, 3, 4.

7. Athenagore Legatio, 33, 34.

IIe et IIIe siècles; une chose toutefois est certaine, comme le prouvent les fortes et belles paroles que nous venons de citer, c'est qu'un souffle nouveau anime à cette époque les œuvres des jurisconsultes et passe dans la législation des empereurs.

Trajan, Marc Aurèle, Antonin, Alexandre Sévère sont bien les contemporains de Gaius, d'Ulpien et de Paul, et ils préparent aux Empereurs chrétiens un précieux héritage dans leurs constitutions relatives à la puissance paternelle. Sans se demander si leurs innovations législatives dérangent l'harmonie systématique de l'ancienne patria potestas, ils étendent et augmentent les restrictions que les lois et les mœurs y avaient introduites dès la République et dont Auguste avait continué la tradition.

Trajan force un père qui maltraitait son fils à l'émanciper et, sur le conseil de Nératius et Ariston, lui refuse les droits qui compétaient au manumissor (1). Adrien condamne à la déportation un père qui, soupçonnant son fils d'adultère avec sa seconde femme, l'avait tué à la chasse (2), et un siècle plus tard Alexandre Sévère défend au père d'user de son droit de correction au delà des limites d'une punition bénigne, sans le contrôle du président de la province (3).

Trajan, Marc Aurèle répriment l'exposition des enfants à Rome et dans les provinces, Caracalla déclare illicite et malhonnête la vente du fils par le père (4).

Alexandre Sévère punit de la relégation le pater qui donne son fils en gage et Dioclétien confirme la nullité d'un pareil acte (5).

1. Papin, Dig. 37. 12. 5.
2. Marc. Dig. 48. 9. 5.
3. Alex. Cod. 8. 47. 3. — Nep. Dig. 48. 8. 2.
4. Carac. Cod. 7. 16. 1.
5. D. 20. 3. 5. — C. 8. 16. 6.

Marc Aurèle permet au fils du *mente captus* de se marier librement (1) et interdit au père de rompre le mariage de sa fille en intentant contre son gendre l'*interdictum de liberis exhibendis* (2). Dioclétien et Maximien (3) accordent au mari le droit de réclamer sa femme, même à ses parents comme le lui accordait déjà le jurisconsulte Hermogénien, et décident expressément que le refus par son enfant de divorcer ne sera pas pour le père un juste motif d'exhérédation (4) : l'enfant exhérédé pour cette cause aura la *querela inofficiosi testamenti.*

Toutes ces décisions ne font que limiter législativement des droits qui trouvaient jadis des restrictions dans des institutions coutumières. D'autres sont plus significatives et indiquent la voie du progrès à venir. Un, jour Antonin eut à juger un *interdictum de liberis exhibendis* ; le pater réclamait son fils que retenait sa femme ; l'Empereur maintint la garde du fils à la mère, dans l'intérêt, disait-il, de l'enfant. Marc Aurèle et Alexandre Sévère confirmèrent cette jurisprudence par des rescrits (5). C'est là un progrès important : pour la première fois, le droit de la mère apparaît, la pensée de la protection s'accentue de plus en plus, et il est curieux de rapprocher cette décision de l'oraison funèbre de Murdia, datant de la même époque, où le droit de la mère sur le mariage de l'enfant semble aussi reconnu, de la constitution d'Antonin qui

1. Marc-Aur. cité dans Just. C. 5. 4. 25,

2. Paul Sent. V. 6, 15 dit : Bene concordans matrimonium separari a patre Pius prohibuit. — Diocletien et Maximien, attribuent l'abolition de ce droit exorbitant à Marc-Aurèle. Probablement Antonin en fit l'objet d'une sentence, et Marc-Aurèle d'un rescrit.— Paul Sent. II, 19.

3. Diocl. et Max. C. 5. 4. 11. — Hermog. Dig. 43. 30. 2.

4. Diocl. et Max. C. 3. 28. 18.

5. Ulp. Dig. 43. 30.3. Si vero mater sit, quæ retinet, apud quam interdum magis, quam apud patrem, morari filium debere, ex justissima scilicet causa, et Divus Pius decrevit, et a Marco et a Severo rescriptum est : æque subveniendum ei erit per exceptionem.

donne déjà à la mère le droit d'intervention en concurrence avec les agnats pour choisir un mari à sa fille (1), et des décisions qui forcent la mère à provoquer la nomination d'un tuteur, c'est-à-dire d'un protecteur de ses enfants, et à surveiller sa gestion (2).

Le progrès ne brisait pas seulement la rigoureuse unité de la patria potestas: il en étendait quelques applications au profit des parents qui avaient engendré leurs enfants en dehors des justæ nuptiæ ou qui les avaient émancipés. Le Concubinat, le mariage du droit des gens ne soumettaient l'enfant à aucun pouvoir de direction, l'émancipation, l'y soustrayait entièrement: le Préteur ou le Proconsul suppléait par sa juridiction aux lacunes de la loi. *De plano*, il imposait aux enfants rentrant dans ces diverses catégories le respect de leurs parents (3); il leur refusait l'action d'injures contre leur père ou leur mère, sauf si l'injuria était atrox, c'était reconnaître le droit de correction aux parents; d'autre part (4), il les soumettait à une obligation alimentaire réciproque (5). Caracalla fit disparaître en partie cette anomalie, quand, par son caprice financier il fit des citoyens romains de tous ses sujets, donnant au mariage du droit des gens les effets des justes noces, et assurant à tous les ascendants ce qui n'était jadis que le privilège aristocratique des citoyens romains.

1. Sev. et Anton. Cod. V. 4. 1. Quum de nuptiis puellæ quæritur nec inter tutorem et matrem et propinquos de eligendo futuro marito convenit, arbitrium præsidis provinciæ necessarium est.

2. Elle avait déjà ce droit du temps de Cicéron. S. Cic. in Ver. I, 37. Quis enim est qvi tueri posset liberum pueritiam contra improbitatem magistratuum ? Mater credo scilicet magno præsidio fuit.

3. Dig. 1,16, 9 § 3. De plano autem Proconsul potest expedire hoc ut obsequium parentibus... exhiberi jubeat : comminari etiam et terrere filium a patre oblatum qui non ut oportet conversari dicatur.

4. Dig. 47. 10. 7 § 3 Set et Si quis ex liberis qui non sunt in potestate cum parente velit experiri non temere injuriarum danda; nisi atrocitas suaserit.

5. Dig. 25. 3. § 5.

A la fin du IIIe siècle, la patria potestas avait donc cessé d'être une institution étroite et nationale; grâce à la constitution de Caracalla, grâce aux réformes des empereurs, au génie des interprétes, elle commençait à se rapprocher de cet idéal que Pomponius traçait déjà du jus gentium « La piété envers les dieux, l'obéissance aux parents et à la patrie » (1). Pourtant la tâche n'était pas achevée: il ne suffisait pas de corriger, il fallait développer hardiment l'innovation timide et exceptionnelle introduite dans l'ancienne organisation de la famille; à l'idée de puissance il fallait substituer définitivement l'idée de protection; après avoir assuré les droits de famille aux provinciaux, il fallait les donner à tous.

CHAPITRE QUATRIÉME

LA PATRIA POTESTAS DANS LA LÉGISLATION DES EMPEREURS CHRÉTIENS

L'édit de Milan marque une date dans l'histoire de la patria potestas comme dans celle de la société et des institutions, et avant d'étudier les conséquences pratiques de cet acte, il faut voir les nouveautés que le christianisme apportait par sa doctrine dans le domaine de la famille, les bienfaits qu'il préparait.

Le premier des services que la religion nouvelle rendit aux institutions domestiques fut, en déclarant qu'elle ne réglait pas les intérêts temporels, de promulguer toute une législation sur le mariage. Les Stoïciens avaient

5. Pompon. Dig. 1. 1. 2.

déjà mis en lumière cette vérité que l'âme n'appartient pas à l'État, que pour régler certains rapports il existe un droit naturel supérieur et antérieur aux conventions humaines. Le christianisme, assura le triomphe pratique de ces principes et en élevant le mariage à la dignité de sacrement, il préserva l'humanité de l'erreur qui avait fait des *justae nuptiae* une institution nationale et étroite, de la famille un privilège, de la patria potestas un monopole. Désormais le mariage n'est plus un contrat ordinaire soumis à la volonté arbitraire des parties : la constitution de la famille, qui a un fondement divin, n'est plus laissée aux disputes des hommes : l'esclave *in contubernio* a autant de droit au mariage et à la puissance paternelle que le Romain ou le barbare, et, tandis que Claude déclare esclave la maîtresse qui épouse son esclave, l'épitaphe d'une *Clarissima* proclame sur un tombeau des catacombes, l'existence d'une union semblable que n'a pas formée un caprice, mais qui a reçu la sanction de la législation la plus sévère qui fut jamais (1).

Les vrais principes sur le mariage, c'est-à-dire sur l'organisation même de la famille ne furent plus seulement confiés à la froide protection des ouvrages des philosophes mais à la garde d'une société active, désintéressée, toujours prête à les rappeler et à les communiquer à la société civile.

Outre ce premier service, le christianisme en rendait un autre à la législation : c'était de lui fournir par ses dogmes et sa morale les idées les plus justes sur la constitution intime de la famille. En montrant l'homme déchu et perfectible, le christianisme établissait sur un fondement religieux la nécessité de l'éducation, c'est-à-dire le principe et la raison d'être de l'autorité des parents ; il faisait

1. *Bulletin critique*, 1er novembre 1881. p. 240.

concorder leurs devoirs de croyants avec leurs obligations de citoyens : il donnait à la sollicitude et à la responsabilité du père la fécondité du sentiment religieux. L'Évangile montrait à Nazareth l'accomplissement des préceptes du Décalogue « tes père et mère honoreras » et faisait entrer dans le patrimoine intellectuel de chaque chrétien la parabole du Bon Pasteur et de l'enfant prodigue, donnant à la piété filiale comme à l'amour paternel sa consécration surnaturelle. Saint Paul, dans ses épitres aux assemblées chrétiennes de son temps, donnait aux parents les conseils les plus sages pour l'exercice de leur droit de direction sur leur fille (1), rappelait le précepte de la Genèse que « le fils doit abandonner son père et sa mère pour suivre sa femme, et ils seront deux dans une même chair » (2), traçait un magnifique programme de l'autorité dans la famille. « Femmes, soyez soumises à vos maris, comme il est raisonnable, en ce qui est selon le Seigneur. Maris, aimez vos femmes et ne les traitez pas avec rudesse. Enfants, obéissez en tout à vos père et mère ; car cela est agréable au Seigneur. Pères, ne violentez pas vos fils, de peur de leur enlever la fierté de l'âme » (3) et ailleurs « pères n'irritez point vos enfants, mais ayez soin de les bien élever en les corrigeant et les instruisant selon le Seigneur » (4). Il exhortait les femmes âgées à apprendre aux jeunes épouses à aimer leur mari et à soigner leurs fils ; il traçait d'une main ferme les principes de l'égalité de la femme avec le mari et de sa subordination nécessaire (5). Partout il associe la mère aux droits et aux devoirs du père, et à chaque instant il rappelle que dans la

1. Paul ad Cora I, 7. 36.
2. Paul ad. Eph. VI, 31.
3. Paul Epist. ad. Col. III. 18-19. 20-21.
4. Paul Epist. ad. Eph. VI.
5. Paul Epist. ad. Eph. VI, 21-22.

famille comme dans la société toute autorité vient de Dieu, qu'elle n'est pas établie pour elle-même ou pour des intérêts fragiles mais pour sauvegarder les droits éternels de la conscience humaine.

Ces principes si féconds ne produisent pas immédiatement tous leurs fruits. Le Christianisme trouva à Byzance des empereurs d'un zèle ardent et parfois excessif pour reprimer les païens et les hérésiarques, très tièdes pour faire passer dans les lois une doctrine qu'ils prétendaient protéger sans vouloir en accepter toutes les conséquences. Il avait d'ailleurs à lutter contre l'esprit de tradition des jurisconsultes et contre toutes les barrières que leur génie avait accumulées autour de la patria potestas et autour du mariage. Néanmoins les constitutions des empereurs chrétiens continuent le progrès et si elles ne rompent pas absolument avec les principes du Droit quiritaire, elles préparent leur disparition.

Constantin achève de briser l'omnipotence du père qui, nous l'avons vu, n'avait jamais été sans responsabilité et qui d'ailleurs avait déjà subi des restrictions importantes. D'un côté (C. lib. IX, tit. XVII) en punissant le père meurtrier de son fils de la peine du parricide, il abolit à jamais l'ancien jus vitæ necisque ou du moins la présomption légale qu'il n'avait fait qu'un acte de juridiction ; d'autre part (C. Theod. 4, 8) il rappelle que les anciens même en admettant le jus vitæ necisque n'ont jamais permis au père d'enlever la liberté au fils. Malheureusement la misère des temps s'oppose à ces progrès ; la législation doit en tenir compte et l'empereur Constantin pour sauver la vie des nouveaux nés est obligé de consentir à ce que l'enfant exposé passe sous la puissance de celui qui l'a recueilli et permet aux parents de vendre ses enfants *adhuc sanguinolentos* en leur réservant et même en donnant à tout le monde le droit de le libérer de la puissance de l'acquéreur à charge d'indemniser ce dernier. (C. 4. 43. 2).

Constantin ne fait que continuer la tradition du progrès. Théodose Ier introduit dans le droit romain un principe nouveau. Depuis longtemps la garde de l'enfant mineur était confiée à la mère (1); mais il fallait une faveur spéciale pour qu'elle pût exercer la tutelle : considérée comme un office public, elle était en principe refusée aux femmes. Une constitution rendue à Milan par Théodose et ses collègues, le 12 des kalendes de l'an 390 (2) consacra le droit de la mère et déclara que si le père n'avait pas désigné de tuteur testamentaire, s'il n'existait pas de tuteur légitime et si la mère s'engageait par serment à ne pas se marier, le soin de la tutelle lui serait confiée. En droit comme en fait, elle était appelée à remplacer le père dans son devoir de protection de l'enfant, et la loi, tout en respectant les droits de la tutelle légitime, semble indiquer le nouveau principe qui faisait confier la protection de l'enfant à celui dont l'affection présentait le plus de garanties ; la loi civile était mise en harmonie avec le beau rôle que les mœurs chrétiennes attribuent à la veuve, qui honore son veuvage par le soin de ses enfants et la charité envers les pauvres.

Théodose le Jeune développa l'esprit de la nouvelle législation et fit de ces nouveaux principes une application fort heureuse. Dans le vieux droit quiritaire, dès que l'enfant était sorti de la patria potestas, il pouvait se marier librement sans que la sollicitude d'aucun parent vint l'assister dans cet acte important. Les mœurs admettaient sans doute l'intervention des parents, et déjà Antonin (3) avait donné les règles pour trancher

1. D. 27. 2.
2. L. 4. C. Theod. *de tul.* et *curat. creandis.*
3. C V. 4. 1.

les conflits qui pouvaient naître à ce sujet. En droit, rien n'empêchait l'enfant, fut-il mineur, de contracter seul cet acte si grave. La législation nouvelle comble cette lacune (1). Si la jeune fille est sui juris au-dessous de vingt-cinq ans, elle aura besoin du consentement de son père ; si elle est privée de son secours, on prendra le conseil de sa mère et de ses proches avec son propre avis (2).

Le même empereur promulguait des lois sévères contre le rapt et, comme s'il voulait se rapprocher encore plus de la pensée de législation chrétienne en 439, il prohibait le divorce par consentement mutuel, en invoquant cette éternelle raison du droit naturel « la protection qu'on doit aux enfants doit rendre la dissolution du mariage plus difficile que sa conclusion » (3). Il consacre certains cas de divorce, mais en 449 il édicte des règles qui imitées de la théorie des *retentiones* montrent les nouvelles tendances, si le père coupable rend la dot et donation *propter nuptias*, la mère coupable les perd, et s'il y a des enfants issus du mariage, l'époux innocent doit conserver pour eux ce qu'il gagne à titre de peine (4). Lorsque le divorce est dit *injustum*, c'est-à-dire a lieu en dehors des cas prévus par la loi, Théodose frappe d'abord les parents de peines rigoureuses, plus tard il se contente de frapper les conjoints auteurs du divorce *injustum* des déchéances pécuniaires qui atteignent l'époux coupable dans le divorce *justum*, en stipulant que les biens acquis à l'époux innocent à titre de peine doivent être conservés pour les enfants issus du mariage.

Ces constitutions sont remarquables : les parents, jadis

1. C. V. 20.
2. Il est remarquable que rien dans ces constitutions n'indique que l'absence de ce consentement constitue un empêchement dirimant.
3. Nov. 1, 17, Th. eo et Valent., — C. V., 17, l. 8.
4. L. V. 17, 8 § 4, 5, 7.

souverains, sont obligés de sacrifier leurs propres sentiments à l'intérêt de leurs enfants qui deviennent créanciers de la perpétuité et de la sainteté du bien conjugal.

Une autre constitution (1) des mêmes Empereurs montre l'application des mêmes principes et sanctionne encore une fois la protection accordée aux faibles, non seulement pour la vie, comme faisaient les Empereurs païens ; mais pour la liberté de leur âmes : « Les pères qui ont favorisé le désordre de leurs enfants ne doivent plus jouir d'une puissance dont ils abusent ni la transmettre à autrui ; il sera permis aux esclaves, aux filles, aux servantes de recourir aux évêques même aux juges et aux défenseurs de la cité et de se faire libérer des liens qui avaient été la cause de ces misères » ; non seulement les parents perdent leur puissance mais subissent une peine plus forte que les proxénètes ordinaires.

La mention de l'évêque dans ce rôle glorieux de protecteur des faibles, montre s'il en était besoin l'influence chrétienne, dans cette belle idée que l'autorité n'est jamais sans devoirs et qu'elle doit disparaître le jour où elle les méconnaît.

Justinien achève enfin d'organiser la puissance paternelle sur ses nouvelles bases et de lui donner son véritable caractère. En même temps qu'il déclare *sui juris* (2), l'enfant exposé et qu'il prohibe la mise en gage de l'homme libre (3); il abolit l'abandon noxal du filius (4), il con-

1. C. 11. 40. 6.
2. Nov. 153.
3. Nov. 134. 7. La mise en gage du filius n'a été admise à aucune époque du droit Romain, Paul constate qu'elle est punie par la *relegatio* Justinien punit cette « iniquité » par la perte de la créance, par une indemnité pécuniaire et par des peines corporelles.
4. Instit. 4. 8. 7. « Nova autem hominum conversatio hujusmodi asperitatem recte respuendam esse existimavit et ab usu communi hoc penitus recessit. Quis enim patiatur filium suum et maxime filiam in noxam alii dare ut pæne per corpus pater magis quam filius periclitetur; quum in filiabus *pudicitiæ favor* hoc bene excludit? Et ideo placuit in servos tantummodo noxales actiones esse proponendas.

firme la législation de Théodose le Jeune en ce qui concerne le divorce des parents ; il exige, sous la sanction d'une déchéance pécuniaire, le consentement du père et de la mère, pour celui des enfants mineurs même sui juris comme il l'exigeait pour le mariage (1). Les parents peuvent révoquer les donations pour cause d'ingratitude, mais ils ne peuvent exhéréder que sous certaines causes (2). Il exige des parents les mêmes vertus qu'il demande aux enfants, il confirme la législation de Théodose sur les proxénêtes, et il impose la déchéance de la puissance paternelle sur les enfants du premier lit au père qui contracte un second mariage au degré prohibé ; c'est sans doute l'effet de la peine de l'exil qu'il prononce contre lui, mais il ajoute : « Les enfants du premier mariage devenus ainsi sui juris, doivent pourtant lui fournir la nourriture et l'entretien. Il a méprisé les lois c'est un impie ; mais il est toujours père (3). »

Cette reconnaissance du droit naturel que l'on découvre dans la langue diffuse des constitutions de Justinien apparaît surtout dans les transformations qu'il fait subir à la puissance paternelle. La patria potestas a toujours pour source les justes noces : mais Justinien refuse à la volonté humaine le pouvoir de créer un fils ; il réforme l'adoption et il transforme la légitimation. Par une constitution de l'an 530 (4), il décide que l'adopté ne changerait plus de famille à moins qu'il fut adopté par un ascendant. De cette façon un parent maternel peut se créer sur ses petits enfants la puissance paternelle, un fils marié émancipé par son père peut reconstituer sa famille et acquérir la puissance paternelle sur ses enfants demeurés dans la famille

1. Nov. 22 cap. 19.
2. Nov. 115.
3. Nov. 12 cap. 2.
4. C. 8, 48, 10.

du grand'père, mais un père ne peut plus abandonner ses droits et ses devoirs à un père adoptif aussi maître que lui de s'y soustraire, le jour même de l'adoption, et on ne voit plus « les droits du père naturel fondés sur un lien sacré servir de jouet à l'arbitraire (1). »

La légitimation, au contraire, acquiert une grande importance. Elle avait toujours été un expédient mis au service du père naturel pour acquérir la puissance paternel sur ses propres enfants ; elle garda ce caractère dans la bizarre institution introduite par le droit administratif romain de l'oblation de l'enfant à la curie (2), mais elle prit dans la législation civile une tout autre portée. Justinien ne se sentait pas assez fort pour abolir le concubinat, du moins il donna une organisation complète et définitive à l'institution introduite par Constantin, Zénon et surtout par Anastase. (C. 5. 27. 6) : la légitimation par mariage subséquent. Il lui attribua tous les effets de la génération dans les justes noces et la permit à l'égard de tous les enfants naturels à trois conditions : le mariage devait avoir été possible lors de la conception, être accompagné d'un *instrumentum dotale*; les enfants devaient y consentir ou n'y pas contredire. La première de ces conditions empêchait en général les enfants nés *in contubernio* de tomber sous la puissance de leur père ; pourtant le maître en épousant son esclave pouvait légitimer ses fils. Justinien permit même aux pères *in contubernio* d'adroger leurs enfants quand les uns et les autres ne seraient plus esclaves. Et cependant, confirmant une constitution de Justin (C.ex.tit.7). Il l'interdisait sévèrement à ceux qui pouvaient acquérir la puissance paternelle en transformant leur concubinat en mariage légitime. Quand cela

1. C. 5, 27, 3.
2. Nov. 89, 8. — Nov. 78, 3 et 4. — Ceod tit. 10 et 11.

était impossible par suite du décès ou de l'indignité de la mère, il offrit encore aux pères dans la légitimation par rescrit du prince, le moyen de remplir leurs devoirs à l'égard de leurs enfants naturels (1).

Rétablirla famille sur ses véritables assises : le mariage, mettre la législation civile d'accord avec les indications de la loi morale, donner à toutes les faiblesses leurs protecteurs naturels, prendre contre ces protecteurs naturels les garanties nécessaires : ces principes si étrangers à l'ancien droit semblent être les seuls qui inspirent la législation de Justinien.

En cas de divorce, Justinien se préoccupe du sort des enfants ; à l'origine la patria potestas persistait sur eux, quelque fût l'indignité du père Justinien s'empresse d'inscrire au Code la décision qui permet au juge de décider souverainement quel est celui des conjoints qui conservera la garde des enfants ; dans ses Novelles il donne les règles qui en principe doivent décider ce choix. L'époux innocent doit avoir la garde des enfants et elle doit être attribuée à la mère, aux frais du père, si c'est le père qui a donné l'occasion du divorce, et si celle-ci ne se remarie pas (2).

Il accorde la même confiance à la mère, sous la même condition, quand il s'agit d'enfants issus d'un concubinat. Aux termes d'une constitution de 530 (3), la mère naturelle a droit à la tutelle de ses *liberi naturales*, pourvu qu'elle s'engage à ne pas se marier et que le père n'ait pas choisi lui-même un tuteur testamentaire pour veiller aux intérêts de ses enfants qu'il n'a pourtant jamais eu in patria potestate.

1. 4 Nov. 89.
2. Nov. 117 cap. 7.
3. C. 5, 34, 3.

La Novelle 127 en substituant les cognats aux agnats dans la famille, vint compléter ces réformes et assurer le triomphe du droit naturel sur le droit quiritaire. Justinien se servait même de l'ancien droit pour ses réformes, et en choisissant dans ses recueils toutes les décisions des jurisconsultes et des empereurs païens favorables à la liberté du fils, au contrôle des tribunaux, à la reconnaissance et à l'extension des devoirs de l'autorité domestique, il préparait ainsi pour l'avenir tout ce qui pouvait permettre à des peuples chrétiens de vivre à l'abri, mais non dans les entraves des anciennes institutions.

La législation du Bas Empire, en effet, n'est pas une législation chrétienne, on ne peut rendre l'Eglise responsable de ses faiblesses ni de ses timidités; du moins elle a été faite par des chrétiens et ses dispositions sur l'organisation de la famille et sur la puissance paternelle en témoignent. Sans doute la dissolution de l'ancienne société romaine a contribué à ces triomphes du droit naturel; mais ce qu'elle n'a pas produit, surtout ce qu'elle n'a pas maintenu à travers les siècles, c'est ce souci des faibles, cette protection des humbles, cette idée de proportionner les droits aux devoirs, de choisir les titulaires à raison de leur affection naturelle. Le moyen âge et le droit coutumier y resteront fidèles, et nous verrons que le Code civil n'a pas rompu avec cette tradition de l'esprit chrétien.

DROIT FRANÇAIS

L'histoire de la famille dans le Droit Français atteste d'incessants progrès pendant chacune des périodes de notre vie nationale. Les Barbares, la féodalité, l'Église, la Royauté, les Parlements, les grands jurisconsultes, tous les événements et toutes les institutions qui ont fait la nation française, ont exercé leur influence sur l'organisation de la Puissance paternelle.

Les semences d'unité germent vite sur notre sol, et à la veille de la Révolution, la moisson était prête. Dans les pays de Droit Écrit, grâce aux cas nombreux d'émancipation tacite, la Puissance paternelle avait fini par se réduire à ses justes limites ; grâce aux innovations de la législation justinienne, favorisées par certaines institutions féodales, développées et étendues par le Droit Canon, la mère était associée à la mission du père et l'autorité domestique ne gardait plus que les apparences du pouvoir souverain et perpétuel du *pater familias*. Les pays coutumiers étaient restés fidèles à la conception germanique de la famille ; la Puissance paternelle y restait une courte tutelle. Mais ils avaient fait d'heureux emprunts à la méthode du droit romain et comblé les lacunes des Coutumes Germaines.

Le code civil a laissé dans l'oubli qu'elles méritaient les créations éphémères, toujours chimériques, parfois funestes de la législation intermédiaire, et ses rédacteurs se sont efforcés de se rapprocher des traditions de l'ancienne France et de constater ou d'établir leur unité.

DE LA PUISSANCE PATERNELLE

SUR LA PERSONNE DES ENFANTS LÉGITIMES ET NATURELS

La Puissance paternelle a deux acceptions dans notre droit : dans un sens restreint, elle désigne les droits essentiels des parents sur la personne et les biens de leurs enfants, contenus au titre IX du livre I du Code civil : dans un sens plus général, elle comprend toutes les institutions qui ont pour but de protéger ou de diriger la personne des enfants légitimes ou naturels ayant conservé leurs parents, ou orphelins, avant comme après la majorité.

C'est à ce dernier sens que nous nous attacherons, et nous donnerons à notre étude une division empruntée au Droit public, mais qui se présente naturellement à l'esprit quand on traite des droits de famille.

Dans une première partie, nous étudierons les attributs de la Puissance paternelle, *lato sensu*. Empruntant à l'exposé des motifs un plan aussi ingénieux que clair (1), nous prendrons l'enfant dès sa naissance et nous étudierons tous les moyens d'action que le législateur a offerts à ses protecteurs aux différentes époques de sa vie, dans

1. Le rédacteur de l'exposé des motifs a pu en prendre l'idée dans des auteurs du Droit naturel (Gratius, Puffendorf), ou plutôt dans un de nos auteurs coutumiers, Boullenois.

les circonstances normales, ou dans les occasions exceptionnelles.

Nous étudierons ensuite l'organisation de ces pouvoirs de protection dont nous aurons d'abord analysé la compétence, et nous verrons les différentes modifications que peuvent leur faire subir les vicissitudes de la vie de famille : la séparation de corps, la dissolution du mariage par la mort de l'un des époux, le décès du père et de la mère. Parcourant tout le domaine que nous indique la nature des choses, nous verrons comment la loi a organisé la puissance paternelle sur les enfants naturels.

Rapprochant les résultats de notre analyse dans un tableau d'ensemble, nous déterminerons les caractères généraux de la Puissance paternelle dans le Code civil, et nous dégagerons d'après l'étude de ces caractères les lois qui doivent présider au jeu pratique de l'institution. Nous étudierons en particulier la puissance paternelle dans le droit international privé, et nous traiterons l'intéressante question de l'intervention des tribunaux dans le domaine des droits de famille.

Un coup d'œil sur les législations étrangères des grands pays, surtout sur les Codes rédigés après le nôtre, nous fournira d'intéressants points de comparaison et nous indiquera les critiques indirectes qui nous viennent d'au delà des frontières.

Dans une conclusion rapide, nous dirons quelques mots des projets de réforme et des propositions de loi que l'institution dont nous nous sommes occupé a fait naître en France, et nous verrons si notre Code, en cette matière, présente les erreurs ou les lacunes qui lui sont reprochées.

PREMIÈRE PARTIE

ATTRIBUTS DE LA PUISSANCE PATERNELLE

Dans notre Droit comme en Droit Romain, la puissance paternelle dure autant que la vie des enfants et celle des parents (art. 371); mais le législateur, au lieu de considérer dans le rapport qui la constitue, son titulaire, c'est-à-dire l'homme fait, dont la personne ne change plus et dont les droits restent toujours les mêmes, le législateur s'attache à celui qui en est l'objet, à l'enfant qui se développe, dont les devoirs et les besoins se transforment avec l'âge. Les attributs de la Puissance paternelle ne sont pas les déductions mathématiques d'un principe d'autorité; ce sont des moyens d'action mis au service de devoirs que le Code impose ou indique aux parents, et qui ont tous pour but la protection, l'éducation et la direction de l'enfant.

CHAPITRE PREMIER

ATTRIBUTS DE L'AUTORITÉ DOMESTIQUE PENDANT LA MINORITÉ DE L'ENFANT

§ I. — *Attributs généraux.*

« Les époux contractent ensemble, par le seul fait du mariage, l'obligation de nourrir, entretenir et élever leurs enfants. » Cet article 203, bien qu'il ne soit pas au titre de la Puissance paternelle, peut servir de programme à la première partie de notre étude. Il semble donner pour unique source à la puissance paternelle dans notre droit la procréation en mariage légitime, et à cet égard il contient une inexactitude, car les enfants naturels n'échappent pas à ce pouvoir protecteur; mais, sauf cette erreur, il résume heureusement les devoirs généraux des parents pendant la minorité de l'enfant. C'est dire par cela même qu'il indique le fondement, les caractères et les limites des différents droits qui constituent alors l'autorité domestique.

En analysant les termes de cet article, on peut en dégager une première obligation : « nourrir et entretenir », c'est-à-dire pourvoir aux besoins de l'enfant.

Pendant les premières années, ses exigences sont à la fois uniformes et impérieuses; chez les pauvres comme chez les riches, il s'agit surtout de ces soins journaliers que la femme seule peut donner et qui font si souvent d'une frêle créature.

.....deux fois l'enfant d'une mère obstinée,

Ici le superflu se confond presque avec le nécessaire et notre législation, avant de reconnaître les droits de la puissance paternelle, s'occupe d'abord d'assurer la vie même de l'enfant.

Certaines législations ont cru que le meilleur moyen de résoudre le problème était d'admettre la recherche de la paternité, ou du moins d'accorder à la mère au nom de l'enfant une action alimentaire contre le père naturel. Notre Code civil n'a pas adopté cette doctrine, et en excluant par l'art. 340 le principe de la recherche de la paternité, il a toléré l'abandon de l'enfant par le père et rendu illusoires en pratique les sévérités du droit criminel (1).

En effet, le Code pénal, s'il ne répare pas les omissions du Code civil, réprime tous les faits positifs qui peuvent compromettre l'existence de l'enfant. Protégé contre l'avortement par l'art. 317 C. pén., contre l'infanticide par l'art. 300, contre les crimes relatifs à son état civil par l'art. 345, l'enfant est encore défendu par la loi contre un délit dont l'histoire et l'expérience de tous les jours révèlent la fréquence. Les art. 349, 350, 351 C. pén. frappent de peines correctionnelles « ceux qui auront exposé ou délaissé en un lieu solitaire, ou non solitaire, un enfant au-dessous de l'âge de sept ans accomplis, et ceux qui auront donné l'ordre de l'exposer ainsi, si cet ordre a été exécuté ». Ces dispositions sont certainement applicables aux parents ; elles font honneur à la sollicitude de la loi française pour la vie de l'enfant, mais elles sont bien incomplètes. La jurisprudence déclare inapplicable (2) aux parents l'art. 348, qui frappe de peines correction-

1. En 1872, sur 243 accusations d'infanticides, il y a eu 78 acquittements ; sur les 165 condamnations, 145 ont appliqué le minimum de la peine. En 1879, sur 13 accusations d'avortement il y a eu 13 acquittements.

2. Cassat., 16 déc. 1843 (Burlot).

nelles ceux qui auront porté dans un hospice l'enfant qui leur avait été confié, et elle ne qualifie pas d'exposition l'abandon d'un enfant dans un lieu solitaire mais où il n'a pas cessé d'être surveillé et où il est certain qu'il sera recueilli (1). Dès lors la loi pénale prévient plutôt la dépopulation qu'elle ne sanctionne l'obligation civile des parents. Le droit administratif a semblé conspirer avec ces défaillances ; ce n'est qu'en 1869 que les tours ont été supprimés et que le système des secours temporaires est venu faciliter le devoir de la mère sans en annuler le caractère civilement obligatoire. Si les Chambres admettent un projet de loi qui a été déposé au Sénat, le système des tours, consacré par le décret de 1811, reparaîtra en France et permettra à tous de se soustraire aux peines frappant le délit d'exposition.

Absolue, simple et tout entière d'ordre public pendant les premières années de la vie de l'enfant, l'obligation de l'art. 203 prend peu à peu de nouveaux caractères. Elle devient à la fois plus complexe et plus difficile à sanctionner. Quand l'enfant grandit, elle ne comprend plus seulement le strict nécessaire, elle s'étend à toutes les dépenses qui peuvent contribuer au bien-être matériel et au développement moral de l'enfant. Dès lors les parents sont maîtres d'en apprécier la forme et l'étendue; leur droit de choisir naît de l'extension même de leurs devoirs, et la loi, pour ne pas restreindre leur légitime liberté dans le gouvernement de la personne de l'enfant, doit respecter leur indépendance budgétaire.

L'État, gardien de l'ordre public, ne peut pourtant pas se désintéresser absolument de l'exécution de l'art. 203. Une loi récente organise la gratuité des écoles publiques et déclare obligatoire l'instruction primaire, elle donne

1. Cass. 16 décembre 1843 (Burlot).

donc une sanction indirecte à une partie des obligations des parents (1). D'autre part, si ceux-ci abusaient de la liberté que la loi leur laisse dans l'exécution de l'art. 203 pour le devoir qu'il consent méconnaître grossièrement au point de compromettre la vie de l'enfant, un tiers pourrait exécuter de sa propre autorité les obligations des parents et intenter ensuite contre eux une action de gestion d'affaires. Peut-être même, comme nous le verrons dans notre troisième partie, la famille pourrait-elle s'adresser à la justice et requérir des mesures extraordinaires pour assurer à l'enfant la nourriture et l'entretien dont il serait scandaleusement privé.

Mais en dehors de ces cas, en principe et d'après l'esprit de notre Code, les parents puisent pour leur droit de direction une complète indépendance dans l'exécution de leur obligation d'entretien ; c'est ainsi que l'art. 204, brisant avec les traditions des pays de droit écrit, refuse expressément à l'enfant toute action pour « un établissement par mariage ou autrement. » La société est certainement intéressée à la multiplication des mariages et au partage des fortunes ; néanmoins le législateur a vu que, même réduite à la question pecuniaire, la décision sur l'établissement de l'enfant était un des modes d'exercice les plus importants de la puissance paternelle et il n'a pas voulu sanctionner une disposition législative qui aurait introduit entre les parents et les enfants les relations ordinaires de débiteurs à créanciers de droit commun.

1. La loi du 28 mars 1882, bienfaisante dans son principe, n'est pas à l'abri de la critique dans toutes ses parties. Nous verrons plus loin si elle respecte suffisamment les droits de garde et d'éducation des parents ; on peut aussi regretter qu'en établissant la gratuité, elle affaiblisse le principe même qu'elle veut sanctionner, et qu'en exagérant le respect de la liberté de conscience, elle semble réduire au développement purement intellectuel de l'enfant l'obligation inscrite dans l'art. 213.

Cette préoccupation du législateur se révèle aussi par l'introduction dans le Code de la jouissance légale.

Cette institution a été l'objet de beaucoup de critiques, et elle y prête par l'incohérence des règles de notre Code. Nous ne l'examinerons pas en détail, mais nous chercherons à justifier la place que le législateur lui a donnée dans le titre relatif à l'autorité domestique. Il est certain que la jouissance légale n'est pas un attribut essentiel de la puissance paternelle (1), mais est une dépendance qui emprunte sa raison d'être aux rapports personnels entre parents et enfants. Le Code n'a pas admis la jouissance légale parce qu'il faisait de la puissance paternelle un droit de domaine ou un mandat salarié, mais parce qu'il y a vu un moyen de sanctionner un devoir pour l'enfant et un droit pour le père. Il a voulu écarter des relations fondées sur une situation hiérarchique, l'esprit de stricte justice et d'égalité qui doit caractériser les rapports de créancier à débiteur. Comme l'a fort bien dit Toullier : « Il est contraire à la morale de ne présenter aux enfants leur père ou leur mère que sous l'aspect d'un homme d'affaires dont les comptes doivent être rendus de clerc à maître et suivis de discussions, souvent de procès qui ne peuvent s'accorder avec la piété filiale. » Si les parents restent comptables de la propriété des biens de l'enfant, c'est que le sacrifice eût été en disproportion avec l'intérêt et que la situation ne prêtait pas aux mêmes dangers ; la remise d'une propriété mobilière ou immobilière est moins contentieuse qu'une reddition de comptes. Quant aux revenus des biens dont les parents n'ont pas la jouissance, les uns,

1. On s'accorde pour le refuser aux parents des enfants naturels, aux parents étrangers, sur les biens de leur enfant français. En vertu de l'art. 387, les tiers peuvent y soustraire les biens qu'ils donnent aux parents ; elle cesse deux ans avant la majorité (art. 384), enfin, elle est grevée, outre les charges générales de l'usufruit, de charges particulières très précises (385).

comme les salaires de l'enfant, ne passent pas leurs mains, les autres sont sujets à reddition de comptes non pas en vertu des droits de l'enfant, mais en vertu de la volonté d'un tiers ou d'une déchéance prononcée contre le père. Le Code civil mérite peut-être le reproche d'avoir été parfois illogique dans sa réglementation de l'usufruit légal; en modifiant l'ancien droit de Garde des pays coutumiers pour l'introduire dans notre Code, il n'a pas « admis une règle contraire à la raison » et il ne méconnaît pas le véritable caractère de la puissance paternelle (1).

Les parents ne sont pas seulement responsables envers Dieu et la société de la vie, du bien-être physique et de l'instruction élémentaire de l'enfant, ils ne sont pas seulement tenus de le nourrir et de l'entretenir; ils doivent encore « l'élever » suivant la belle expression de notre langue. Comme l'a dit si bien saint Thomas défendant au moyen âge les droits de garde et d'éducation des parents israëlites : « Tant que l'enfant est dans le sein de sa mère il n'est même pas distinct corporellement de ceux qui lui ont donné l'être ; ensuite quand il en est sorti, jusqu'à ce qu'il ait l'usage de son libre arbitre, il est sous leur tutelle comme si les parents devaient l'engendrer après une nouvelle gestation spirituelle, *sub quodam spirituali utero* » (2).

Protégés contre toute intervention extérieure par la nature même et l'importance sociale de ce devoir, ils redressent le caractère de l'enfant, président au développement et à la formation de son esprit et de son cœur, lui transmettent l'héritage de connaissances et de notions morales qu'ils ont eux-mêmes reçu, enfin ils surveillent toutes ses actions. Le seul moyen qu'ils aient de remplir cette mis-

1. Pour connaître les critiques qu'on a fait du droit de jouissance légale cf. Laurent, *le Droit civil international*, t. IV, p. 32.
2. D. Thomæ Oprae.

sion, c'est le droit de garde, condition nécessaire du droit et du devoir d'éducation.

Le Code civil l'a compris et il a donné à ces principes dignes d'une législation chrétienne leur application légitime. L'art. 1384 déclare « les parents responsables des dommages causés par leurs enfants mineurs *habitant avec eux.* » Et la jurisprudence leur refuse le droit de prouver « qu'ils n'ont pu empêcher le fait qui donne lieu à cette responsabilité » quand le délit de l'enfant tient à la mauvaise éducation qu'ils lui ont donnée. Mais, en même temps, notre droit protège efficacement l'attribut de la puissance paternelle qui entraîne cette responsabilité légale, il assure aux parents le droit de garde, c'est-à-dire le pouvoir de maintenir leur enfant dans la maison de famille, sous leur surveillance, dans l'air où ils vivent et où il apprend par l'exemple à connaître et pratiquer ses devoirs.

L'art. 354 du Code pénal punit de la réclusion « quiconque aura par fraude ou violence enlevé ou fait enlever des mineurs, ou les aura entraînés, détournés ou déplacés..... des lieux où ils étaient mis par ceux à l'autorité ou à la direction desquels ils étaient soumis ou confiés. » En dehors de l'hypothèse d'un délit, les parents peuvent faire respecter leur droit par tous ceux qui y porteraient atteinte, soit au moyen de dommages-intérêts ayant un caractère pénal, soit même au moyen de la force armée (1). Il leur est permis d'employer contre l'enfant lui-même

1. Ici l'intervention de la force armée n'est pas une voie d'exécution sur la personne d'une obligation pécuniaire, elle n'est que la mise en mouvement d'un droit éminemment personnel sur la personne de l'enfant. Elle aura donc pour préliminaire nécessaire et suffisant, non pas un jugement comme jadis la contrainte par corps, mais une simple ordonnance de référé. Le Président la délivrera non seulement dans le cas d'urgence, en vertu de la compétence générale que lui attribue l'art. 806 du Code de procédure, mais dans tous les autres cas, en vertu du droit que l'art. 377 donne au père de requérir l'appui et l'assistance de la justice.

cette dernière voie d'exécution, et s'ils ne peuvent plus le retenir dans une sorte de prison privée (art. 341 et 342 du Code pénal), ils invoqueront avec succès le mépris que l'enfant fait de leur droit de garde pour obtenir contre lui une ordonnance de détention par voie de correction paternelle.

Muni de sanctions efficaces, le droit de garde est scrupuleusement respecté par la loi elle-même. Une restriction traditionnelle permet au fils de s'y soustraire ou plutôt de devancer d'un an l'époque de la majorité (L. de 1872) pour contracter seul un engagement militaire. L'art. 66 du Code pénal autorise les tribunaux à faire conduire l'accusé âgé de moins de seize ans, acquitté comme ayant agi sans discernement, dans une maison de correction, au lieu de le remettre à ses parents. Mais hors l'hypothèse de l'engagement militaire et hors le cas de l'art. 66 où l'intérêt public a été lésé et où la négligence des parents est constatée par la poursuite judiciaire dont l'enfant a été l'objet, la loi française ne s'occupait du droit de garde que pour le protéger. Les auteurs de la loi du 28 mars 1882 n'ont pas suivi la même tradition, ils ont voulu avec raison donner une sanction efficace à l'article 203 au point de vue du devoir d'instruction des parents; mais ils n'ont pas résolu conformément à l'esprit du Code les difficultés que pouvaient faire surgir l'application du nouveau principe et la protection de l'éducation domestique.

L'article 7 de cette loi prive d'une partie de leur droit de garde et d'éducation (1) les parents qui auraient négligé

1. L'inscription d'office d'un enfant à l'école publique est bien une restriction du droit de garde et d'éducation, puisqu'elle soustrait pendant une partie de la journée l'enfant à la surveillance des parents et le soumet à des contacts ou à une autorité que ceux-ci peuvent à juste titre redouter. Il faut reconnaître d'ailleurs que cette inscription d'office ne pourrait pas donner lieu à une exécution *manu militari*, et qu'elle ne trouve sa sanction que

« de déclarer quinze jours avant l'ouverture des classes » s'ils entendent user du droit qui semble désormais exceptionnel, d'instruire leurs enfants chez eux. La même mesure les atteint si l'enfant élevé chez eux « ne satisfait pas chaque année, à partir de la fin de la deuxième année d'instruction obligatoire à un examen qui portera sur les matières de l'enseignement correspondant à leur âge dans les écoles publiques ». Ils peuvent cependant choisir dans ce dernier cas entre les écoles publiques ou privées.

Les parents semblent transformés, quand il s'agit d'une partie de leur droit d'éducation, en délégués révocables de la puissance publique, il n'en est pas toujours de même car par un privilège unique dans notre droit les rédacteurs du Code ont communiqué « à la plus sacrée de toutes les magistratures », suivant l'expression de Montesquieu, le droit de faire mettre au service de la discipline domestique une sanction réservée à la seule puissance publique (1).

Ce droit de correction du père « qui aurait des sujets de mécontentement très graves sur la conduite d'un enfant » consiste dans une détention temporaire dont la durée est calculée sur la faiblesse de l'âge ; il ne s'exerce qu'avec l'intervention des magistrats et sauf l'accomplissement des formes et conditions prescrites ; l'étendue de l'intervention des magistrats, la multiplicité des formes, la sévérité des conditions, diffèrent suivant l'âge de l'enfant, l'indépendance plus ou moins grande de sa position, et la complète qualité du parent.

L'ordre d'arrestation s'obtient par voie d'autorité ou par voie de réquisition.

La voie d'autorité n'est ouverte qu'au père. Il s'adresse

dans les peines édictées par les art. 13 et 14, de la loi du 28 mars 1882, c'est-à-dire au maximum, après récidives, un emprisonnement de 15 jours.

au président, qui délivre l'ordre d'arrestation pour une durée d'un mois. Le magistrat ne peut le refuser, mais il doit vérifier si les conditions exigées par la loi sont remplies, c'est-à-dire si le père qui réclame la détention n'est pas remarié, si l'enfant a moins de seize ans, s'il n'est pas protégé par les art. 380 et 382 qui, dans certains cas, soustraient l'enfant âgé de moins de seize ans à la correction par voie d'autorité, enfin s'il est en âge ou en état de « donner des sujets de mécontentement très graves sur sa conduite ». Cette dernière condition ne lui semble-t-elle pas remplie, nous croyons qu'il est en droit de refuser l'ordre d'arrestation (1) sans se rendre coupable de déni de justice (C. Pén., art. 185). Mais en dehors de cette vérification des conditions légales, il n'a aucun pouvoir d'appréciation, il ne doit ni connaître ni discuter les motifs du père ; il ne contrôle pas sa sentence, il la fait exécuter.

La voie de réquisition s'impose aux parents dès que l'enfant a plus de seize ans ou, quand au-dessous de cet âge, il a des biens personnels ou exerce un état, c'est-à-dire se trouve dans une situation qui lui donne plus d'indépendance ou qui pourrait être compromise par un ordre d'arrestation arbitrairement rendu. Elle s'impose aussi, quel que soit l'âge de l'enfant, au père remarié qui présente moins de garanties d'affection et d'impartialité et à la mère. Veuve ou suppléant le père, celle-ci n'exerce même le droit de correction qu'avec le concours des deux plus proches parents paternels de l'enfant et le perd définitivement quand elle se remarie.

Quand la correction domestique s'exerce par voie de ré-

1. L'article 377 disant que le président devra, sur la demande du père, délivrer l'ordre d'arrestation, exclut bien toute appréciation sur les motifs de la détention. Il ne peut même pas s'en enquérir, mais il doit certainement juger si l'âge ou l'état d'intelligence de l'enfant rend *vraisemblable* l'existence de motifs sérieux à la sentence du père.

quisition, elle peut durer six mois pour les enfants au-dessus de seize ans, un mois pour ceux qui n'ont pas atteint cet âge; mais elle est soumise dans ses motifs et dans son étendue à l'appréciation du président du Tribunal. Celui-ci ne délivre l'ordre d'arrestation qu'après en avoir conféré avec le procureur de la République, défenseur né des intérêts du mineur. Il doit examiner et peser les motifs qu'on invoque pour réclamer la détention et il est maître de la refuser. En second lieu, après l'exécution de l'ordonnance de détention, le président de la Cour peut recevoir l'appel de l'enfant et y statuer avec le concours du procureur général (1).

D'ailleurs, qu'il s'exerce par voie d'autorité ou par voie de réquisition, c'est-à-dire avec ou sans le contrôle de l'autorité publique, le droit de correction conserve toujours le caractère d'un acte de juridiction domestique. Dans les deux hypothèses, l'ordre d'arrestation est accordé sur demande verbale et sans formalité judiciaire ; les parents doivent souscrire, avant sa délivrance, une soumission de payer tous les frais et de fournir des aliments convenables (art. 378). La détention, d'après le vœu de la loi, attestée par les travaux préparatoires et facilitée pour les filles par le Décret du 30 sept. 1807 sur les Dames du Refuge, doit avoir lieu dans un établissement distinct des prisons ordinaires. Dans tous les cas elle n'est accompagnée d'aucune autre écriture que de l'ordre non motivé du président; la loi veut assurer le secret de la répression comme des écarts qui l'ont motivée (2).

1. L'art. 382, consacrant ce droit d'appel de l'enfant, semble s'appliquer uniquement au cas qu'il prévoit, c'est-à-dire au cas où un enfant est détenu par voie de réquisition, quand il a des biens personnels ou exerce un état. Mais les observations du Tribunat, les changements faits d'après ces observations à la rédaction de l'art. 382 et les opinions émises par les orateurs du Tribunat permettent de l'étendre à tous les cas où la détention a lieu par voie de réquisition.

2. Cette dernière condition ne pourra pas être remplie quand l'enfant sera

Surtout les parents sont toujours maîtres de leur droit de correction, ils peuvent pardonner à l'enfant même sans le concours de l'autorité qui a délivré l'ordre d'arrestation (1) et ils peuvent en faire de nouveau usage, même après avoir pardonné, si l'enfant tombe dans de nouveaux écarts.

Ces droits de direction, de garde et de correction correspondant aux devoirs d'entretien, de surveillance et d'éducation, s'appliquent surtout à la première période de la vie de l'enfant. Les parents les exercent en principe jusqu'à la majorité, et même la loi permet au survivant d'entre eux, par une sorte de continuation posthume de son pouvoir, de désigner un tuteur pour l'enfant (Art. 397).

L'exposé que nous venons de faire de la puissance paternelle dans notre droit serait complet si la famille française avait cette stabilité et cette cohésion que le code civil semble lui supposer. Malheureusement la situation harmonieuse et tranquille à laquelle son système se rapporte ne répond pas toujours à la réalité des faits ; trop souvent les nécessités de la vie obligent l'enfant à déserter avant le temps le foyer paternel et abrègent le noviciat dont la loi semble vouloir lui assurer le bienfait ; les parents, absorbés par le travail, sont impuissants à exercer dans leur plénitude leurs devoirs et leurs droits ; quelques-uns même peuvent en faire abus et mériter une déchéance nécessaire. Toutes ces hypothèses, si anormales qu'elles soient, appellent les prévisions du législateur et sa réglementation.

Dans le code civil lui-même, la puissance paternelle, au moins pour ce qui regarde les droits énoncés à ce titre que

détenu dans une prison, où, aux termes du C. d'int. crim., un registre d'écrou doit être tenu, mais il faut au moins que le registre d'écrou des enfants détenus par voie de correction paternelle soit spécial.

1. La mère a cependant besoin, même pour pardonner, du concours des deux plus proches parents paternels, ou à leur défaut de deux amis du père.

nous venons d'étudier, cesse par l'émancipation, c'est-à-dire par l'abdication solennelle que les parents en peuvent faire dès que le fils est âgé de quinze ans.

Outre ce cas d'extinction absolue, des dispositions pénales visent des cas d'extinction relative de la puissance paternelle et brisent entre les mains du protecteur que la loi avait d'abord choisi un pouvoir dont il a mésusé.

L'art. 335 du Code pénal prive « des droits et avantages à lui accordés sur la personne de l'enfant au titre de la puissance paternelle, le père ou la mère qui s'est rendu coupable d'un attentat aux mœurs en excitant, favorisant ou facilitant habituellement la débauche ou la corruption de la jeunesse de l'un ou l'autre sexe au-dessous de l'âge de vingt et un ans. Cet article a été l'objet de justes critiques; il confond avec le délit général de proxénétisme un délit qui devrait être spécial, et qui viserait l'abus que les parents feraient de leur autorité (1) pour entraîner leurs enfants même à un fait unique d'immoralité, il ne prive le condamné de la puissance paternelle que sur la victime non sur les autres enfants, enfin il prononce seulement la déchéance des droits de garde, d'éducation et de correction, et laisse tous les autres intacts. L'Assemblée nationale, dans la loi du 7 décembre 1874, a édicté de même la privation des droits de la puissance paternelle, contre les parents « qui auront livré gratuitemement ou à prix d'argent leurs enfants à des saltimbanques, vagabonds ou mendiants, ou qui emploieront leurs propres enfants à la mendicité habituelle », sans préjudice des peines qui les frappent soit comme auteurs d'un délit dans le premier cas, soit comme complices de l'enfant dans le second.

Dans ces deux cas, la puissance paternelle subsiste

1. Cette reforme a failli être admise lors de la revision du Code pénal en 1863; mais une rédaction vicieuse sur d'autres points du nouvel article 334 a entraîné l'ajournement de cette modification nécessaire.

sur l'enfant, mais elle s'éteint dans la personne du titulaire primitif et devient l'objet d'une sorte de novation. Nous étudierons dans notre seconde partie tout se qui se rattache à cette question qui rentre à proprement parler dans l'organisation de la puissance paternelle ; mais, avant d'y arriver, il nous faut étudier les droits particuliers que le code ou des lois spéciales, reconnaissent aux parents au dehors des droits énumérés au titre de la puissance paternelle. Ces attributs sont distribués sinon expressément au moins de fait et conformément à une tradition dont on retrouve la trace dans l'Exposé des motifs en deux catégories distinctes qui correspondent à deux périodes de la minorité : l'enfance et l'adolescence. C'est la division que nous adopterons.

§ 2. — Attributs particuliers de la puissance paternelle avant l'adolescence

Le droit de disposer de la personne de l'enfant a été complètement retiré aux parents ; la loi française respecte et protège sa personnalité, la met hors du commerce et reconnaît aux droits comme aux devoirs qui la concernent un caractère indélébile, supérieur à toutes les conventions. Cependant elle autorise les contrats qui facilitent aux parents les devoirs qu'ils ont à remplir et constituent, en faveur des tiers, la délégation de quelques-uns de leurs droits. Mais parfois en même temps qu'elle reconnaît expressément la validité de ces contrats, elle stipule en faveur des enfants certaines conditions ou elle exige chez les contractants certaines qualités. Les parents ont le droit d'exercer leur devoir par délégation, mais la société prend des précautions pour maintenir à ces contrats leur véritable caractère.

Le premier de ces contrats est celui de tutelle officieuse, il porte tout à la fois sur les devoirs d'entretien et d'éducation et sur les droits de garde et de direction. La tutelle officieuse est moins une délégation de la puissance paternelle qu'un préliminaire de l'adoption (1); mais elle transporte des parents naturels à ceux qui deviendront les parents adoptifs tous les attributs de la puissance paternelle pendant la minorité, sauf les droits de correction et d'émancipation (2); aussi la loi entoure cette institution de garanties rigoureuses. Le juge de paix dresse un procès-verbal des demandes et consentements relatifs à la tutelle officieuse (art. 363). Le tuteur doit avoir au moins cinquante ans, la capacité d'être tuteur (3) et n'avoir ni enfants ni descendants légitimes ou légitimés; l'enfant doit avoir moins de quinze ans. Si la loi n'exige pas son consentement lors de la tutelle officieuse, elle lui maintient la faculté de repousser l'adoption à l'époque de la majorité, eût-elle même été acceptée auparavant par ses représentants légaux (en cas de délation testamentaire de l'adoption par le tuteur officieux, art. 366). Elle lui assure au contraire une action alimentaire contre les héritiers du

1. Elle a été introduite dans le Code pour adoucir ce que les conditions de cette dernière institution avaient de trop rigoureux. L'adoption n'est possible qu'après la majorité de l'enfant, elle laisse l'adoptant sans moyens d'influence légale sur l'enfant au moment où en recevant de la loi certains des droits et des devoirs des parents naturels, il pourrait le mieux préparer sa paternité fictive. La tutelle officieuse remédie à ces inconvénients, et elle peut être exercée par les femmes, ce qui est dans notre droit une exception heureuse.

2. A notre avis, les parents naturels ne pourraient d'ailleurs détourner ces droits de leur usage régulier pour annuler ceux qui, en vertu du contrat, appartiennent au tuteur officieux. Celui-ci s'adresserait en ce cas à la justice. Mais les parents naturels gardent intacts le droit d'usufruit légal et le droit de consentir au mariage, et celui de consentir à l'adoption, même à celle dont la tutelle officieuse est le préliminaire.

3. Une femme peut cependant être tutrice officieuse.

tuteur officieux décédé pendant sa minorité (art. 367) et à sa majorité une action en indemnité contre le tuteur officieux lui-même s'il n'exécute pas le contrat, c'est-à-dire s'il ne l'adopte pas ou « s'il ne l'a pas mis en état de pouvoir à sa subsistance » (art. 367). Cette seconde forme d'exécution que la loi permet de donner au contrat de tutelle officieux fait regretter lés conditions rigoureuses qu'elle y a mises. L'hypothèque légale frappe les biens du tuteur officieux ; ses héritiers, s'il meurt avant la majorité du pupille, peuvent être tenus de lui servir une pension alimentaire. Ces obligations dont l'art. 367 permet d'ailleurs de limiter la portée par des conventions amiables, les conditions exigées chez le tuteur officieux peuvent paraître excessives quand la tutelle officieuse n'a pas pour but l'adoption, et elles font de ce contrat, qui pourrait être fort précieux entre les mains des personnes charitables pour suppléer les parents négligents, presque une superfluité législative.

Il est d'autres contrats d'une application plus fréquente que des parents peuvent conclure, ce sont ceux qui ont pour objet l'entretien ou l'éducation de l'enfant. Ils sont temporaires et révocables à la volonté des parents sauf dommages et intérêts ; la loi s'en désintéresse et elle n'y voit en général que des modes d'exercice de la puissance paternelle. Toutefois, surtout depuis quelques années, le législateur y intervient pour protéger les intérêts des enfants et ajouter ou suppléer à la sollicitude des parents.

La loi du 23 décembre 1874, pour prévenir la mortalité des enfants au premier âge privés de l'allaitement maternel, a soumis à une surveillance sérieuse les nourrices et généralement toutes les personnes qui se chargent moyennant salaire de jeunes enfants auxquels elles s'obligent à tenir lieu de mères. Elle réglemente l'industrie nourricière et, sous les peines de l'art. 348 C. Pén., exige des personnes qui confient l'enfant une déclaration à la mairie de la naissance, et de celles qui le reçoivent une déclaration à la mairie de leur domicile. Grâce à ces indications, un service d'inspection médicale peut incessamment veiller sur la vie et la santé des enfants et remplace dans la mesure strictement nécessaire, le contrôle des parents souvent trop éloignés pour l'exercer d'une façon efficace.

Dès 1851, la loi avait réglementé une matière particulièrement importante. Dans notre société où le régime industriel rend si souvent déserte la maison paternelle, les parents sont amenés à déléguer pendant trois, quatre ou cinq ans leur droit d'éducation et même de garde, à des maîtres chargés d'enseigner à l'enfant un métier. Ces délégations qui constituent le contrat d'apprentissage ont appelé à juste titre l'attention du législateur. La loi du 22 février 1851 sur l'apprentissage envisage ce contrat comme un mode d'exécution du devoir d'éducation des parents; elle n'exige donc pas l'assentiment de l'enfant. En revanche, elle prend des précautions augmentées par une loi récente (L. du 19 mai 1874) (1), pour que l'enfant ne soit pas soumis trop tôt à la rude discipline de l'atelier et pour qu'il n'y soit pas employé chaque jour trop longtemps. Elle exige du maître des conditions de moralité (art. 6) et lui impose des obligations qui maintiennent au contrat son caractère de délégation du droit et du devoir d'éducation (art. 8, 10 et 12). (2) L'art. 1er contient même une innovation heureuse, il permet à un

1. Il a été expressément convenu que cette loi réglant le travail des enfants dans les manufactures s'appliquerait aux contrats d'apprentissage.

2. On peut regretter que la loi de 1851 n'impose pas la nécessité d'un contrat écrit. A Paris, sur 25.000 apprentis, 4.000 seulement peuvent invoquer un contrat d'apprentissage régulier vis-à-vis de leurs patrons. (Disc. de la loi de 1874. — Séance du 23 janvier, observation de M. Eugène Tallon.)

tiers, autorisé par les détenteurs de la puissance paternelle ou à leur défaut par le juge de paix, d'intervenir au contrat et de s'associer ainsi, tant vis-à-vis du maître que vis-à-vis des parents, à la mission d'éducation et de surveillance de l'enfant. C'est là une disposition heureuse et dont les personnes charitables pourraient faire plus souvent usage pour exercer une influence protectrice sur les enfants des classes ouvrières.

Quant aux traités qui peuvent être conclus entre les parents et les chefs d'institutions primaire ou secondaire, la loi ne s'en occupe pas sinon pour exiger certaines conditions de capacité et de moralité chez les personnes qui ouvrent des établissements d'instruction. Pourvu qu'on n'exagère pas la portée de ces termes, et que la protection de l'Etat n'aboutisse pas à la confiscation du droit qui appartient aux parents de déléguer leurs pouvoirs à des tiers, cette intervention de la société est légitime. Elle l'est surtout quand elle a pour but non plus de contrôler le droit d'éducation des parents dont la clairvoyance et la sollicitude sont les meilleures garanties en cette matière, mais pour protéger la puissance paternelle contre les exigences de la vie industrielle et contre les défaillances de la pauvreté.

L'Assemblée nationale a voté deux lois inspirées par ces sages préoccupations. La première (1) (19 mai 1874)

1. Cette loi est applicable aux contrats de louage, de service comme à ceux d'apprentissage, A ce titre, elle se rattacherait aussi à la période suivante de la vie de l'enfant. Il faut même remarquer que, contrairement à la loi de 1841, elle ne comprend pas parmi les personnes susceptibles d'encourir les pénalités prévues, les parents ; elle suppose par conséquent que ceux-ci n'ont pas d'autorité absolue sur le contrat de louage de service de leur enfant, et que le patron et l'enfant sont les principaux intéressés dans les contrats de ce genre. Si nous en avons traité à propos des attributs de la puissance paternelle pendant l'enfance, c'est qu'elle semble y trouver plus naturellement place.

améliorant la loi du 22 mars 1841 sur le même objet réglemente le travail des enfants et filles mineurs employés dans l'industrie. Elle défend aux patrons d'employer « dans les manufactures, fabriques, usines, mines, chantiers et ateliers, » les enfants au-dessous de dix ou douze ans suivant l'industrie et leur imposent de les faire travailler dans des conditions qui ne nuisent pas à leur développement physique et moral, le tout sous certaines penalités (1). La seconde (7 décembre 1874) est relative à la protection des enfants employés dans les professions ambulantes. Avant seize ans, c'est-à-dire « avant l'âge où il devient un homme maître de lui-même » aucun enfant ne peut être employé à des exhibitions foraines ou des exercices périlleux ; il peut l'être à partir de douze ans par ses parents exerçant des professions foraines. Mais ceux-ci encourent les peines correctionnelles applicables aux étrangers et peuvent être déclarés déchus de la puissance paternelle quand ils livrent leurs enfants au-dessous de seize ans, à des étrangers exerçant ces professions ou les placent sous la conduite de vagabonds, gens sans aveu et mendiants ; s'ils les emploient eux-mêmes à la mendicité habituelle, ils sont condamnés comme complices et peuvent être privés de la puissance paternelle.

L'autorité domestique n'a pas à se plaindre de ces lois bienfaisantes. Elles cherchent à repeupler la maison pater-

1. Il a été expressément déclaré que la loi sur le travail des enfants employés dans l'industrie ne s'appliquait pas aux parents employant leurs enfants chez eux, au moins quand ils n'avaient pas d'atelier, et que les inspecteurs chargés de faire exécuter la loi ne pourraient jamais pénétrer dans l'intérieur de la famille. « Nous avons voulu, a dit le rapporteur, scrupuleusement respecter l'autorité du père de famille et ne pas franchir le seuil du foyer domestique ; le père sera seulement responsable aux yeux de la loi des sévices qu'il commettrait envers son enfant. Quant à la responsabilité du patron, elle est tout autre. » Peut-être, cependant, la loi aurait-elle pu étendre aux parents qui laissent entrer avant l'âge un enfant dans un atelier, les pénalités qu'elle applique aux patrons.

nelle aux dépens de l'atelier, à rapprocher l'enfant des parents, à prolonger pour lui les bienfaits de la vie d'intérieur. En même temps elles continuent heureusement une tradition déjà inaugurée dans l'art. 335 C. Pén. en montrant que la puissance paternelle a ses limites nécessaires, et elles restent fidèles à l'esprit du Code civil en ne posant ces limites que dans le Droit pénal et en mettant la plus grande réserve à franchir le seuil du foyer domestique.

§ 3. ATTRIBUTS PARTICULIERS DE LA PUISSANCE PATERNELLE PENDANT L'ADOLESCENCE.

Jusqu'ici l'enfant nous est apparu plutôt comme « l'hôte de la maison que comme un membre de la cité (1) ». Hors d'état, par sa faiblesse, de gagner sa vie, par son inexpérience de se diriger lui-même, il a dû être porté, nourri, conduit par d'autres. Les devoirs et les droits de la puissance paternelle avaient alors ce caractère absolu qui correspondait à l'impuissance de l'enfant et qui pouvait seul l'en guérir; le but de tous les efforts a été de développer ses forces vives, de le doter du capital précieux que ménage l'éducation et, dans cette grande œuvre, il a été plutôt l'obligé passif que le collaborateur soumis des parents. Cette situation se prolonge dans certaines familles, et la majorité est bien le terme qui met fin « aux années d'apprentissage » et à la première forme de la mission des parents. Dans d'autres classes où la précocité est moins un privilège qu'une dure nécessité, la personnalité est appelée à se dégager plus tôt, et entre ce qu'on pourrait appeler l'éveil des facultés sociales, l'adolescence, et leur plein épanouissement, la majorité, il est une période de transition, décisive et périlleuse.

1. Tacite, *Germanie*.

Le Code civil n'a peut-être pas étudié avec assez de détails les nouveaux moyens d'action qu'il fallait alors confier aux protecteurs de l'enfant; à ce point de vue, ses rédacteurs ont eu tort de repousser la proposition qu'on leur suggérait lors de la dicussion au Conseil d'État et de ne pas parler dans le Titre de la Puissance paternelle de l'habilitation de l'enfant au mariage et aux autres actes analogues. Mais leur œuvre est plutôt elliptique qu'incomplète et on peut arriver assez sûrement à reconstituer les attributs particuliers que notre Droit reconnaît à la Puissance paternelle sous la nouvelle forme qui convient aux progrès de la personnalité de l'Enfant et à ses nouveaux besoins.

Le premier de ces attributs est le droit d'émancipation. Dès que l'enfant a atteint l'âge de quinze ans, le père, ou à son défaut la mère peut l'émanciper, c'est-à-dire abdiquer les droits contenus au titre de la Puissance paternelle et placer le mineur à la tête de ses affaires, sans toutefois qu'il puisse faire seul les actes les plus importants. Cette investiture domestique est à ce point une prérogative de la puissance paternelle que ses détenteurs n'ont besoin, pour l'exercer, ni de l'aveu de l'enfant, ni de la ratification des tribunaux. Une simple déclaration du père ou de la mère devant le juge de paix ou une délibération du conseil de famille quand le mineur est orphelin, suffit pour la conférer. Mais dans ce dernier cas, la loi est moins confiante; le mineur ne continuera pas à trouver pendant la curatelle la protection vigilante de ses père et mère ou de l'un d'eux, le conseil de famille connaît moins bien que les parents les dispositions et les aptitudes de l'enfant; le tuteur peut chercher à dissimuler sous un prétendu bienfait la désertion d'un devoir sacré; pour toutes ces raisons, l'art. 478 recule jusqu'à dix-huit ans l'âge où l'orphelin peut être émancipé.

Après l'émancipation, l'enfant n'est plus soumis aux droits de garde, d'éducation et de correction, ses biens échappent à la jouissance légale; il a un domicile distinct mais en même temps que cette capacité toute relative, pour ainsi dire, l'émancipation lui en attribue une autre en ce qui concerne l'administration de ses biens. Non seulement l'émancipation le soustrait aux restrictions que le droit de garde et d'éducation pouvaient imposer à la libre disposition de sa personne (1), mais encore elle modifie son état d'une façon absolue, à l'égard des tiers aussi bien que des détenteurs de la Puissance paternelle. Désormais il contracte, plaide, en un mot figure dans tous les actes de la vie civile; il a pleine capacité pour l'administration et pour les actes qui dépassent cette capacité, il a seulement besoin de l'assistance d'un curateur à laquelle viennent s'ajouter parfois l'autorisation du conseil de famille et l'homologation des tribunaux. Cette conséquence de l'émancipation, cette *Amajoration*, suivant l'expression de notre ancien droit, paraît avoir surtout frappé le législateur, et elle entraîne les interprètes à oublier complètement l'autre aspect de l'institution.

Dans l'article 484, en effet, le Code prévoit les suites que pourrait avoir une émancipation imprudente au point de vue de la gestion des biens; il permet aux tribunaux de réduire les obligations des mineurs contractées par voie d'achat ou autrement, en cas d'excès, et dans l'article suivant (485) il décide que ce seul symptôme suffira pour permettre aux parents la révocation de l'éman-

1. Suivant nous, l'émancipation ne développe en rien la capacité du mineur, au point de vue des actes relatifs à sa personne; elle fait cesser certaines restrictions; en lui donnant une certaine capacité relative aux biens, elle facilite la mise en valeur de son activité, par exemple pour le choix d'une profession; mais avant comme après l'émancipation, les parents ont le devoir et le droit de l'habiliter à tous les actes concernant sa personne même, au louage de service (cf. infra).

cipation « en suivant les mêmes formes que celles qui ont eu lieu pour la lui conférer. » Ni par ses termes, ni par son esprit, l'art. 485 n'exclue les causes de révocation relevant d'un autre ordre d'idées et se rattachant à l'autre aspect de l'institution admise par le code : à l'abdication des droits de la Puissance paternelle sur la personne de l'enfant. Néanmoins ses dispositions ont semblé limitatives (1), et en vertu du caractère indivisible de l'institution, les interprètes interdisent aux parents le droit de révocation, quand l'imprudence de l'émancipation se révèle par des écarts de conduite, c'est-à-dire par des inconvénients auxquels ils ne peuvent même pas remédier en obtenant l'interdiction de l'enfant ou en lui faisant donner un conseil judiciaire (2).

Nous adoptons le système opposé défendu par Zachariæ, et donnant à l'art. 485 sa véritable portée ; nous croyons qu'en vertu même de cet article, l'émancipation, bien qu'elle modifie l'état et la capacité du mineur, constitue un bénéfice révocable, et qu'elle peut être révoquée dans les formes mêmes où elle a été conférée.

Le droit d'émancipation comprend à la fois celui de la

1. Tout le monde cependant admet la révocation non seulement en cas de réduction, mais en cas de réductibilité, c'est-à-dire quand l'excès des engagements constaté par le jugement n'a pas cependant amené leur réduction, par exemple en considération de la bonne foi du tiers. Ainsi que le fait remarquer M. Demolombe, c'est déjà sortir des termes mêmes d'un article qu'on prétend être limitatif, et détruire la principale objection qu'on peut faire au système opposé : l'intérêt des tiers ou de la société.

2. C'est en effet l'opinion générale que les détenteurs de la puissance paternelle peuvent provoquer l'interdiction de l'enfant ou lui faire nommer un conseil judiciaire même avant sa majorité, qu'il soit ou non émancipé ; les termes de l'article 489 ne sont plus alors interprétés limitativement, et comme il peut être de l'intérêt du mineur, soit pour faire maintenir l'opposition dirigée contre son mariage soit pour empêcher qu'en sortant de la minorité il se livre à des actes nuisibles à ses intérêts de le soumettre à ces mesures préventives, on accorde à la famille cette faculté tout à fait conforme à la mission que notre droit semble lui donner (émancipation, habilitation au mariage, etc...)

conférer et celui de la révoquer, et les parents, sauf à se conformer, quand il s'agit des intérêts matériels du mineur, à l'art. 485, peuvent corriger l'usage qu'ils en ont d'abord fait par un usage contraire, quand il s'agit de ses intérêts moraux, sans même avoir besoin de l'autorisation de la justice (1).

Ce droit d'émancipation, n'est d'ailleurs qu'un des attributs d'une sorte de fonction publique que la loi confie à la Puissance paternelle, dans l'intérêt de la famille, dans celui du mineur et de la société. Même après l'émancipation, l'enfant reste mineur ; la loi ne relève donc pas la famille de sa mission et elle exige encore son intervention dans des actes qu'elle se verrait contrainte d'interdire aux mineurs, émancipés ou non émancipés, si elle ne pouvait compter sur la vigilance et la sollicitude de leurs protecteurs naturels ; le législateur fait en quelque sorte des parents ses collaborateurs et se sert de leur présence pour donner aux règles générales qu'il pose la souplesse nécessaire (2).

La loi fait d'abord appel à la Puissance paternelle pour ouvrir aux mineurs certaines professions, qui modifient jusqu'à un certain point leur capacité. En général le choix d'une profession est absolument libre, pour le mineur comme pour le majeur. Tant qu'il est mineur les parents

1. Notre système diffère sur ce point de celui de M. Demante, qui admet la révocation de l'émancipation dans notre hypothèse en vertu du pouvoir discrétionnaire des tribunaux sur l'exercice de la puissance paternelle. Cette opinion, qui suppose un jugement comme préliminaire nécessaire de la révocation, nous semble admettre un principe juste, mais l'appliquer en contradiction avec les termes de l'art. 485.

2. Ainsi le fils majeur même pour le mariage à vingt et un ans en règle générale, reste mineur à ce point de vue jusqu'à vingt-cinq ans, quand le père ou la mère survit (art. 148), règle semblable pour l'adoption et cela pour les deux sexes. D'autre part, l'émancipation est possible dès l'âge de quinze ans quand un des parents survit, et le mariage, qui par sa gravité a été reculé par certaines législations jusqu'après la majorité, est possible pendant la minorité en Droit nçais avec l'assistance des détenteurs de la puissance paternelle.

peuvent et doivent préparer ce choix et notre droit leur donne même dans ce but de nombreux moyens d'action. Ils peuvent imposer à leur enfant un contrat d'apprentissage (1), lui refuser les moyens de réaliser un établissement (art. 204), le maintenir sous leur garde et lui rendre l'exercice d'une profession impossible au point de vue économique en lui refusant pas le bénéfice de l'émancipation.

Pour toutes les professions que ne prévoit pas un texte spécial, l'intervention de la puissance paternelle se réduit à ces moyens d'action indirects ; elle cesse donc par le fait de l'émancipation. La loi permet même au mineur de vingt ans de méconnaître le droit de garde en s'engageant volontairement, elle diminue sur tous les mineurs « exerçant un état « (art. 382) le droit de correction, et annule sur les biens provenant « d'un travail ou d'une industrie séparées » (art. 386) le droit de jouissance légale. Pour les professions commerciales, au contraire, et pour l'engagement militaire le rôle des parents est tout autre.

Non seulement l'enfant mineur doit pour faire le commerce être émancipé ; mais encore il doit avoir dix-huit ans, et « il ne pourra en commencer les opérations ni être réputé majeur, quant aux engagements par lui contractés pour faits de commerce : 1° s'il n'a été préalablement autorisé par son père ou sa mère en cas d'interdiction ou absence du père, ou à défaut du père et de la mère par une délibération du conseil de famille homologuée par le tribunal civil; » 2° si cette autorisation n'a pas reçu une certaine publicité. (art. 2 C. Comm.) Les motifs qui ont inspiré ces dispositions s'aperçoivent facilement. En raison du privilège que le Code de commerce accorde au mineur pour les actes de son commerce, en raison des dangers que la

1. La loi italienne donne au contraire au mineur le droit d'être consulté.

témérité de l'enfant commerçant peut faire courir à l'honneur de la famille, à ses propres intérêts matériels et moraux, à la solidité du marché, la loi a voulu prendre certaines précautions et elle les a cherchées dans l'intervention de la puissance paternelle. Dès lors le mineur qui a fait des actes de commerce sans avoir eu recours à cette intervention n'a pas la qualité de commerçant ; il ne peut donc être mis en faillite et les actes commerciaux faits par lui doivent être appréciés d'après les règles générales sur la capacité du mineur émancipé (1).

A l'âge de seize ans pour l'armée de mer, à l'âge de itax-hraipus pour l'armée de terre, le mineur peut con-t ucter un engagement volontaire, mais jusqu'à vingt ans il doit « justifier du consentement de ses père, mère ou tuteur ; ce dernier doit être autorisé par une délibération du conseil de famille » (L. 27 juillet 1872, art. 46). La rédaction même de cet article montre quel en est le but. La loi n'y force pas seulement le mineur à respecter le droit de garde des parents, elle tient à ce qu'il ne prenne pas une résolution grave qui entraînera pour lui un empêchement prohibitif au mariage et dont il pourrait se repentir à son dommage et à celui de l'État, sans associer à sa décision ceux qui ont sur lui des droits d'autorité et des devoirs de protection et qui sont les meilleurs juges de ses aptitudes et des motifs qui le font agir. L'ordre public est donc intéressé ; aussi, même après l'émancipation, le mineur doit rapporter cette autorisation (2), et si malgré les précautions rigoureuses prises par les règlements militaires, un engagement avait été contracté sans elle, il serait entaché d'une nullité qui peut être invoquée par le fils comme par les parents.

1. Ils sont donc simplement réductibles et non nuls de plein droit.
2. *Contra* Aubry et Rau.

Ces dispositions de nos lois n'ont pas soulevé beaucoup de critiques; les actes que nous venons d'étudier sont assez importants pour que les parents doivent intervenir, assez utiles à la société pour qu'on leur permette de les faciliter. En est-il de même pour le mariage, l'ordination et l'adoption ? Tous ces actes ont des conséquences bien plus graves que n'en peuvent avoir l'entrée dans la carrière militaire ou le choix de la profession commerciale.

Ils ont tous pour caractère d'être faits pour la vie ; celui qui les accomplit ne dispose pas seulement de son temps, de son activité, il engage plus ou moins sa personne tout entière et se crée des devoirs sacrés et perpétuels. Ces considérations devaient peut-être faire hésiter le législateur à les déclarer possibles pendant la minorité de l'enfant; il a cru cependant devoir le faire et ce n'est pas le moindre témoignage de confiance qu'il ait donné à la puissance paternelle.

Le système du Code se révèle surtout dans sa réglementation du mariage. Chaque fois qu'il le peut sans causer du tort soit au mineur soit à la société, il retarde la majorité pour le mariage : pour les filles, qui ont un plus grand intérêt que les garçons aux mariages précoces, il la laisse à vingt et un ans; pour les fils qui ont encore leur père ou leur mère, il la retarde jusqu'à vingt-cinq ans. Ils ont en effet moins besoin de se créer une famille que les orphelins ; ils peuvent compter sur une assistance plus désintéressée et plus clairvoyante ; enfin ils doivent rendre hommage au principe de l'autorité de la famille. En même temps, pour ne pas exagérer les conséquences de l'écart qui existe entre le développement physique et la maturité intellectuelle, et pour ne pas priver la société des heureux résultats de mariages précoces prudemment conclus, le Code admet les mariages à partir de la puberté, quinze ans pour les filles et dix-huit ans pour les garçons, avec le consentement des détenteurs de la puissance paternelle. Leur volonté complète et dirige celle du mineur.

Ce système est bien en principe celui du Code, mais ses rédacteurs ne lui ont pas donné la rigueur géométrique qui plait aux théoriciens et s'inspirant plutôt des traditions de notre ancien droit que de celles du droit canonique, ils ont laissé à l'intervention des parents un caractère mixte, non sans s'exposer parfois au reproche d'inconséquence. Le mariage émancipe l'enfant de plein droit (art. 476), il fait entrer un nouveau membre dans la famille, il fait perdre ou donne à l'un des époux un nom, signe matériel des traditions de la famille et de la solidarité de ses membres. A tous ces titres, la puissance paternelle est partie au contrat et, au moment même où il témoignait à celle-ci tant de confiance, le Code n'a pas cru devoir réduire l'intervention des parents à un simple rôle d'assistance et de protection. En refusant à l'enfant le droit de suppléer à leur autorisation par celle de la justice, en prolongeant pour le fils la minorité jusqu'à vingt-cinq ans quand il est en dissentiment avec eux sur son futur mariage, et en accordant aux parents l'exercice d'une action en nullité indépendante de celle des parties principalement intéressées au contrat, il a imposé aux enfants la rançon des faveurs qu'il leur accordait au moyen de la puissance paternelle.

« Le fils qui n'a pas atteint l'âge de vingt-cinq ans, la fille qui n'a pas atteint l'âge de vingt et un ans accomplis ne peuvent contracter mariage sans le consentement de leurs père et mère » (art. 148). Ce consentement doit être exprès et spécifier la personne par acte authentique (Art. 75), une autorisation générale n'est pas valable. D'autre part les publications de mariage doivent être faites non seulement à la municipalité du domicile des époux, mais encore « de ceux sous la puissance desquels se trouvent les parties contractantes » (art. 168). Conformément à l'esprit de ces articles et à l'art. 182 le mariage contracté sans le consentement des père et mère ou de leurs suppléants peut d'abord être attaqué par les époux, même si les détenteurs de la puissance paternelle n'agissent pas, mais ceux-ci peuvent en réclamer la nullité même quand leur enfant a perdu le droit de le faire en laissant écouler sans réclamation une année depuis qu'il a atteint l'âge compétent pour consentir lui-même au mariage.

Les parents ont le droit de demander la nullité du mariage contracté ; ils ont *à fortiori* celui de former opposition à sa célébration (art. 173). Ils peuvent aussi invoquer toutes les nullités qui résultent d'empêchements dirimants en dehors même de l'art. 148, sauf celles résultant de l'impuberté quand ils ont consenti au mariage (1). (Art. 186.)

L'engagement dans les ordres sacrés n'a pas une importance moins grande que le mariage au moins dans le for intérieur. La loi du 18 germinal an X le prohibait sans l'autorisation du pouvoir civil, sans la justification d'un revenu de 300 francs à un âge inférieur à vingt-cinq ans. Napoleon Ier revint sur ces conditions rigoureuses, les abrogea par un décret du 26 février 1810, mais pénétré de cette pensée que le sacerdoce est le mariage du prêtre avec l'Eglise il établit dans son art. 4 « qu'aucun ecclésiastique ayant plus de vingt-deux ans et moins de vingt-cinq ans ne pourra être admis dans les ordres sacrés qu'après avoir justifié du consentement de ses parents ainsi que cela est prescrit par les lois civiles, pour le mariage des fils âgés de moins de vingt-cinq ans accomplis. » Déjà en vertu de l'art. 7

1. Tant que dure la minorité, ces différents droits sont pour ainsi dire laissés dans l'ombre par le droit plus important de consentir au mariage, nous les étudierons donc à propos de l'exercice de la puissance paternelle après la majorité de l enfant.

du décret du 18 février 1807 la fille mineure ne pouvait être admise à prononcer des vœux dans une congrégation de religieuses hospitalières entre l'âge de seize ans et celui de vingt et un ans qu'en présentant « les consentements demandés pour contracter mariage par les articles 148, 149, 150 du Code Napoléon. »

La sanction de ces dispositions est indiquée par l'assimilation qu'elles contiennent ; en ce qui concerne le prélat consécrateur ou l'écclésiastique qui reçoit les vœux, elles constituent certainement un empêchement prohibitif. S'ils passaient outre, ils s'exposeraient à un appel comme d'abus pour infraction aux lois et règlements de l'empire (Loi du 18 germinal an X art. 6). De plus, comme toutes les règles sur la capacité des personnes, elles entraînent une nullité absolue comme en cas de mariage ; l'action en nullité peut être exercée par le contractant et par ses parents ; elle est soumise aux mêmes causes d'extinction que celles prévues au titre du mariage.

Mais quel sera l'effet de cette annulation ? A l'égard des religieuses la question présente peu d'intérêt ; les engagements qu'elles contractent pendant leur minorité ne sont valables que pour un an ; à supposer que la nullité des vœux soit prononcée dans un si court delai, elle aurait pour conséquence d'anéantir tous les effets que la loi attache à ces vœux, c'est-à-dire de permettre à la jeune fille de se marier sans aucun obstacle (1).

Pour les ecclésiastiques, il est important de donner une solution, le caractère que leur confèrent les ordres sacrés entraîne certaines dispenses en matière de service militaire, de tutelle, de jury ; d'après la Cour de cassation, il constitue un empêchement dirimant au mariage de

1. D'après l'opinion commune, ces vœux forment en effet pendant leur durée un empêchement prohibitif au mariage.

celui qui en a été revêtu (1). Par assimilation des dispositions relatives au mariage, nous croyons que l'absence du consentement des parents, reconnu par jugement dans les délais légaux, annulerait le caractère ecclésiastique au moins pour les incapacités qui en sont la conséquence.

L'adoption est loin d'avoir dans notre droit l'importance que lui donnait le droit romain et que voulait lui maintenir le premier Consul ; elle n'opère aucun changement de famille et respecte chez les parents naturels de l'adopté toutes les prérogatives de la puissance paternelle, celles du moins qui subsistent à l'âge où l'adoption devient possible, c'est-à-dire après vingt et un ans. D'autre part elle ne crée à l'adopté dans la famille de l'adoptant que des rapports strictement limités et qui, sauf le droit au respect (cf. art. 371, cbn. 299 C. pén.) à la pension alimentaire et les droits de succession, n'ont pas le caractère des droits fondés sur le sang.

Réduite à ces termes, l'adoption se rapproche plus de l'institution contractuelle du droit coutumier que de l'adoption romaine, c'est plutôt un contrat pécuniaire qu'un acte de disposition de la personne. Mais l'adoption impose à l'adopté le nom de l'adoptant, elle constitue à ce titre une certaine modification de l'État civil, cela suffit pour justifier l'art. 346, qui exige que le mineur ou la mineure de vingt-cinq ans rapporte le consentement donné à l'adoption par ses père et mère ou par le survivant. L'adoption faite au mépris de l'art. 346 n'est pas nulle de droit, mais elle est entachée d'une nullité absolue et l'action qui la fait valoir peut être invoquée aux conditions de

1. Il ne rentre pas dans notre sujet d'examiner cette jurisprudence, nous devons faire cependant remarquer le grave argument que la disposition que nous étudions fournit à la Cour de cassation. La législation française, en intervenant à propos de l'admission dans les ordres sacrés, est partie au contrat qui lie le prêtre, elle doit donc le faire respecter.

l'art. 181 c'est-à-dire par toute personne y ayant un intérêt pécuniaire, notamment par les héritiers de l'adoptant.

A côté des actes intéressant la personne de l'enfant, et relevant de la puissance paternelle, qui ont été prévus et réglés par notre droit, il en est d'autres dont la nécessité se révèle chaque jour et auxquels la prévoyance du législateur ne s'est pas étendue ; ce sont tous ceux qui ont pour but la mise en valeur de l'activité de l'enfant, trop souvent son seul patrimoine. S'il s'agit d'adopter une profession, nous croyons, sauf les restrictions indiquées plus haut, qu'il est parfaitement libre et que le seul moyen d'action réservé aux parents est le refus d'émancipation et l'usage des droits contenus au titre IX. Mais en est-il de même quand cette aliénation de liberté a pour préliminaire un engagement contracté avec un tiers, quand elle se présente sous la forme d'un louage de services ? Les parents ont-ils toute liberté pour le conclure au nom de leur enfant ? Les enfants, au contraire, surtout quand ils sont émancipés, peuvent-ils disposer seuls de leur personne ?

La jurisprudence a résolu ces intéressantes questions surtout à propos de l'engagement théatral et son système nous semble très juridique. L'art. 450 qui confie aux tuteurs et aux parents le devoir et le droit de représenter l'enfant dans tous les actes de la vie civile, n'est applicable qu'aux actes où la représentation est possible, il ne s'applique pas plus au louage de service qu'au testament ou au mariage de l'enfant. En vertu même de notre droit public et de plusieurs applications de notre Code civil (1108-1119-1370-1780), la liberté individuelle est sacrée et n'est soumise qu'aux restrictions prévues par la loi relevant toutes des droits de famille (puissance maritale ou paternelle), et strictement limitatives. Un contrat de louage de services conclu uniquement par les détenteurs de la puissance paternelle sera donc absolument nul, aussi bien vis-à-vis du père qui n'a pas eu l'intention de se porter fort que vis-à-vis de l'enfant (art. 1120) qui n'a pas été engagé envers le tiers. Le père même ne pourra pas en imposer la ratification ou l'exécution à l'enfant en se servant contre lui du droit de correction, qui serait dans ce cas un véritable abus de pouvoirs (1).

A contrario la jurisprudence ne sacrifie pas à la liberté du fils même émancipé les intérêts de la puissance paternelle qui se confondent avec les siens et ceux de la société. Le fils, dès qu'il est capable de consentir (2), peut conclure un louage de services ; mais il ne peut jamais le faire qu'avec le consentement des détenteurs de la puissance paternelle et cela après comme avant l'émancipation. Tout louage de services modifie jusqu'à un certain point les attributs généraux de cette puissance (art. 382 et 387)

1. Le président du tribunal, qui a toujours en ce cas pouvoir d'appréciation (art. 382), devra refuser l'ordonnance d'arrestation ; il devra cependant vérifier si ce contrat de louage de services ne peut pas se ramener à un contrat d'apprentissage, c'est-à-dire à l'exercice par le père de son pouvoir d'éducation. Dans ce cas la volonté de l'enfant ne sera pas nécessaire et le droit de correction pourra être employé, mais nous n'admettrions pas que le père réussît à faire reconnaître par le président un contrat conclu dans ces conditions sous prétexte que c'est un moyen pour lui d'exécuter son obligation d'entretien en se déchargeant des frais de nourriture et d'entretien de l'enfant et tout en lui laissant, conformément à l'article 378, la pleine propriété de ses salaires. M. Boistel (p. 265), (*du Droit de famille*), défend avec habileté la solution contraire. On pourrait chercher la conciliation en décidant, par extension d'un arrêt de cassation (7 juillet 1863) sur un refus de pension alimentaire, qu'un père, sans pouvoir contraindre son enfant à un engagement donné et après lui avoir procuré l'enseignement d'une profession utile et l'occasion de gagner sa vie, peut lui refuser l'entretien et la nourriture.

2. La capacité exigée ici est celle de droit naturel, c'est-à-dire l'âge ou l'enfant peut donner un consentement libre. C'est une question de fait, mais la jurisprudence ne devra guère admettre un minimum d'âge inférieur à douze ou quinze ans. En agissant ainsi elle restera fidèle aux indications du Code relatives à l'émancipation et aux tendances actuelles de la législation. (Lois de 1874 sur le travail des enfants dans les manufactures et sur les professions ambulantes.) Elle devra surtout le faire quand cette précaution d'un contrat préliminaire et engageant l'avenir, pourra faire naître des doutes sur le désintéressement du contractant.

consacrés au titre IX, et si ce motif ne peut-être invoqué quand il s'agit de l'enfant émancipé, il en subsiste un autre qui n'a pas moins de force et qui donne même à l'action en nullité son caractère, sinon exclusif, du moins principal. Les actes du mineur contractés sans l'autorisation du tuteur ou du curateur sont soumis à la rescission pour lésion (art. 1305), mais pour les actes dont nous nous occupons, il faut considérer la lésion non seulement des intérêts matériels, mais encore des intérêts moraux, et il y a lésion pour le mineur, par cela seul que c'est de son chef, sans l'assistance de ses père et mère ou de leurs suppléants, (1) qu'il a enchaîné sa liberté et exposé son avenir. Dailleurs l'autorisation des détenteurs de la Puissance paternelle n'a pas besoin d'être formelle, elle peut s'induire des circonstances (2). Les tribunaux trouveront dans cette liberté d'appréciation le moyen de sauvegarder tous les intérêts, de déjouer les calculs de parents intéressés ou peu scrupuleux, de suppléer à leur négligence. Ils pourront de même suivant les cas ne pas appliquer la règle « *qui auctor est non se obligat* » ou restituer à l'intervention des parents son véritable caractère en infligeant des dommages-intérêts à ceux qui rompraient en vertu de leur droit souverain de garde le contrat conclu par le fils non émancipé avec leur assistance, ou aideraient le fils émancipé à méconnaître ses engagements.

Une question analogue se soulève à propos du changement de nationalité de l'enfant, soit qu'il doive se réaliser par la naturalisation ou d'autres modes analogues, soit qu'il ait lieu à la suite d'un démembrement de territoire.

1. Un jugement du tribunal de la Seine, 2e chambre (*Gazette des tribunaux*, 14 mai 1841), a pourtant déclaré valable un engagement théâtral conclu par une mineure émancipée.)

2. Tribunal de la Seine, 1re chambre, 12 juin 1830.

Pour la naturalisation, les parents sont impuissants; si grand que soit leur intérêt d'assurer dans la famille l'uniformité des statuts personnels, ils ne peuvent ni disposer de la nationalité de leurs enfants déjà nés par cela seul qu'ils changent la leur, ni les aider à suppléer l'incapacité résultant de leur minorité pour prendre une résolution touchant leur nationalité. Ces principes, conformes à l'esprit de notre Code, où les modifications dans l'état des personnes pendant la minorité ne sont permises qu'en vertu d'une disposition expresse, avaient été déjà appliqués par la jurisprudence, elles ont reçu la consécration législative. L'art. 2 de la loi du 29 janvier 1851 établit que les enfants mineurs de l'étranger naturalisé en France n'acquièrent pas de plein droit la qualité de Français par la force de la naturalisation de leur père, mais qu'arrivés à la majorité, ils peuvent acquérir la qualité de Français par l'application de l'art. 9 du Code civil, c'est-à-dire en réclamant la qualité de français dans l'année qui la suivra et en établissant ou déclarant vouloir maintenir leur domicile en France. La puissance paternelle ne peut donc avancer la majorité du fils, même pour lui permettre d'acquérir la nationalité française (1). La loi du 16 décembre 1874 lui a cependant donné ce nouvel attribut, au moins dans certaines conditions et en ce qui concerne le fils né en France d'un père étranger qui lui-même y est né. Celui-ci peut, pour contracter un engagement volontaire ou conditionnel comme pour entrer dans les Écoles du gouvernement, renoncer à la faculté de réclamer la

1. *A fortiori* ne pourrait-elle pas l'aider à s'en dépouiller. Aussi les tribunaux français continueraient à considérer comme Français le mineur français qui aurait réalisé une naturalisation étrangère avec l'assistance de ses parents, comme le permettent les lois allemande et suisse, ou que la loi étrangère, comme la loi italienne, reconnaîtrait comme nationaux en vertu de la naturalisation du père.

nationalité étrangère, c'est-à-dire consolider sa qualité de Francais. La déclaration qu'il fera en ce sens devant l'autorité compétente « avec le consentement exprès et spécial du père, ou à défaut du père de la mère, ou à défaut du père et de la mère avec l'autorisation du conseil de famille » sera définitive et maintiendra le mineur dans sa qualité de français. Cette déclaration ne pourra d'ailleurs être faite « qu'après les examens d'admission et s'ils sont favorables ». Cette loi a donc eu pour but de venir au secours de situations fort intéressantes, mais elle n'entame pas les principes qui dominent notre matière : le mineur ne peut jamais changer de nationalité par un fait indépendant de sa volonté ; n'étant incapable que pour un temps, il doit attendre sa majorité pour se prononcer en connaissance de cause.

Parfois le changement de nationalité résulte d'un démembrement de territoire, et alors c'est le traité lui-même qui sert de loi. Le traité conclu entre la France et la Sardaigne le 24 mars 1860 pour la cession de Nice et de la Savoie concédait dans son art. 6 aux individus originaires et aux domiciliés dans les provinces cédées la faculté de conserver la nationalité sarde moyennant une déclaration expresse et le transport ; effectif de leur domicile dans les provinces sardes pendant l'année à compter de la ratification. Les cours de Chambéry et d'Aix ont rendu cet art. 6 illusoire pour les mineurs. Elles ont décidé (1) que ceux-ci ne pouvant changer de nationalité avec l'assistance de leurs représentants légaux ni invoquer dans les termes du traité le prolongement de la faculté d'option jusqu'à leur majorité, devaient être considérés comme Français.

Cette jurisprudence est très constestable et ne doit pas

1. Chambéry, 22 décembre 1862. — Aix, 17 mai 1865.

s'étendre en tout cas à l'interprétation du traité de paix conclu entre la France et l'Allemagne le 10 mai 1871 et de la convention additionnelle de Francfort du 11 décembre suivant. Aux termes de ces actes tous les individus domiciliés et tous les originaires des territoires cédés, quel qu'ait été leur domicile au moment de cette cession, ont été obligés de faire une déclaration s'ils voulaient rester Français sans préjudice des conditions relatives au domicile. Dès lors beaucoup de mineurs français auraient perdu leur nationalité sans leur aveu et avant leur majorité. Nous ne l'admettons pas. Il est certain que le traité ne peut être interprêté dans ce sens que le délai d'option aurait été reculé pour eux jusqu'à la majorité ; nos plénipotentiaires ont vainement essayé de faire admettre cette solution, la seule vraiment logique et équitable. Mais, d'un autre côté, d'après l'interpretation même des Allemands et d'après une circulaire du garde des sceaux, contemporaine du traité (1) (circulaire de M. Dufaure du 30 mars 1872) les déclarations d'option ont pu être valablement faites par les mineurs avec l'assistance de leurs représentants légaux. Dès lors il faut admettre en faveur des mineurs Alsaciens-Lorrains une exception apparente avec principes généraux et décider qu'en vertu du traité de Francfort ils ont pu valablement prendre une résolution relative à leur nationalité pendant leur minorité, avec l'assistance des détenteurs de la puissance paternelle. Cette solution s'impose d'autant plus dans le cas particulier que le mineur ne pouvant d'après nos lois changer de

1. Cette circulaire faisait espérer la présentation d'un projet de loi qui conférerait « aux mineurs le droit de faire acte de nationalité avec l'autorisation de leurs tuteurs ». Cette promesse n'a pas été tenue; mais sa réalisation était inutile, et les tribunaux peuvent, en vertu même du traité qui fait loi en la matière, reconnaître comme valable l'option des mineurs français faite avec l'assistance de leurs représentants légaux.

nationalité avant sa majorité, c'est rentrer dans leur esprit que de lui reconnaître le moyen de rester Français.

CHAPITRE SECOND

ATTRIBUTS DE LA PUISSANCE PATERNELLE APRÈS LA MAJORITÉ

Dans le droit moderne la Puissance paternelle a « dépouillé le caractère de magistrature et de fonction publique et se réduit à un simple droit d'éducation et de tutelle qui se mesure sur les besoins mêmes de l'enfant et cesse avec eux (1). » Ce principe, qui triomphait déjà dans notre ancien droit, s'est fortifié en passant dans notre Code, sans toutefois repousser toute exception ; quand l'autorité domestique est exercée uniquement par les collatéraux, il est appliqué avec une rigueur limitative, et l'échéance de la majorité décharge le tuteur et le conseil de famille de leurs pouvoirs, le pupille de tous ses devoirs. Mais quand les parents immédiats ou les ascendants survivent, le Code reste fidèle aux indications du Droit naturel : il prolonge pour eux jusqu'à la mort les devoirs de conseil (art. 151) et de secours (2) (art. 206); il maintient pour l'enfant la nécessité de se soumettre pendant toute sa vie aux formes atténuées de la discipline domestique, de

1. P. Gide, *de la Législation civile dans le nouveau royaume d'Italie.*
2. La réserve est même une prolongation de ce devoir de secours au delà du tombeau, art. 913.

remplir des obligations perpétuelles d'assistance (art. 206), d'honneur, de respect (371).

Cette persistance de la puissance paternelle se manifeste surtout en matière de mariage.

Elle se précise d'abord par l'institution des actes respectueux. Les fils ou les petits-fils majeurs qui peuvent et veulent se marier sans le consentement de leurs parents, sont tenus néanmoins, avant de le faire, de « demander le conseil de leur père et de leur mère ou celui de leurs aïeuls ou aïeules, quand leur père ou leur mère sont décédés ou dans l'impossibilité de manifester leur volonté » et ils ne peuvent remplir cette obligation que par le moyen légal « des actes respectueux ». Cette institution empruntée à notre ancien Droit a été fort critiquée à l'étranger ; les nouveaux Codes ne l'admettent pas, et dès 1815 une ordonnance royale l'a supprimée dans la Prusse rhénane. On a dit que ces actes dits respectueux méritaient l'épithète contraire, étant très irrespectueux; que loin d'être pour les parents une occasion d'agir par voie de conseils et de remontrances, ils ne faisaient qu'aigrir leurs rapports avec les enfants, et qu'ils n'empêchaient aucun mariage. Ces critiques sont exagérées; les actes respectueux, précisément à cause de leur caractère si contraire aux formes habituelles des relations de famille, attirent l'attention de l'enfant sur la gravité de l'acte qu'il commet en traitant ses parents comme des étrangers et en introduisant contre leur gré un nouveau membre dans leur famille ; ils provoquent les deux parties à la réflexion et permettent à l'autorité domestique de gagner du temps.

Contrairement aux décisions de certains tribunaux et d'après l'opinion commune, l'enfant n'a pas besoin d'assister à la notification des actes respectueux et il ne peut être obligé de se retirer dans une maison tierce pour préparer sa demande aux parents et attendre leur réponse en dehors des influences qui ont pu jusque-là agir sur lui.

L'acte respectueux doit contenir notification de l'intention où est l'enfant de contracter mariage avec telle personne qu'il désigne expressément et de la demande respectueuse de l'avis des parents. Il est fait dans la forme des exploits d'huissier et copie en est laissée ; mais le ministère de deux notaires, confidents et conseillers habituels des familles, est exigé à l'exclusion de celui des huissiers. Le notaire, assisté d'un de ses collègues et de deux témoins, ne doit pas seulement déposer la notification au domicile des ascendants, il fera toutes les diligences raisonnables pour arriver jusqu'auprès de ceux qu'il s'agit de consulter et pour obtenir une réponse ; s'il n'y parvient pas, les actes respectueux ne sont pourtant pas nuls ; procès-verbal est toujours dressé des formalités accomplies et des réponses qui ont pu être reçues.

Pour les fils de vingt-cinq à trente ans, pour les filles de vingt et un à vingt-cinq ans, quand la première notification n'a pas été suivie d'une réponse favorable, l'acte respectueux doit être renouvelé deux autres fois, de mois en mois, et l'on ne peut procéder au mariage qu'un mois après le dernier. Après l'âge de trente ans pour les garçons et de vingt-cinq ans pour les filles, un acte respectueux suffit, mais l'article 153 exige encore qu'un mois s'écoule entre la notification des actes respectueux et la célébration du mariage ; c'est le délai de grâce pendant lequel la réflexion doit faire son œuvre.

Toutes ces conditions sont essentielles ; quand l'une d'elles fait défaut, les parents peuvent attaquer les actes respectueux devant les tribunaux et en faire prononcer la nullité ; ils y ont d'ailleurs peu d'intérêt, sauf quand le mariage n'a pas été célébré.

En effet, l'absence ou la nullité des actes respectueux c'est qu'un empêchement prohibitif; elle n'est plus comme dans l'ancien droit une juste cause d'exhérédation et toutes ces formalités compliquées ne sont en réalité qu'un moyen dilatoire entre les mains des parents.

L'arme de l'opposition est aussi réduite à ce rôle après la majorité de l'enfant. Quelques tribunaux, faisant la loi au lieu de l'appliquer, avaient validé des oppositions faites par les parents après la majorité, bien qu'elles ne fussent fondées sur aucun empêchement dirimant; cette jurisprudence, inspirée par l'exemple du préteur romain n'a pas prévalu, et les juges se déclarent impuissants à rendre perpétuel par des moyens de procédure un obstacle purement temporaire.

Même avec ces effets restreints, le droit d'opposition n'est pas illusoire entre les mains des ascendants, grâce aux conditions privilégiées dans lesquelles il leur est donné. Non seulement ils peuvent s'en servir pour invoquer, à l'abri de tous dommages et intérêts s'ils succombent (art. 179), les empêchements dirimants ou prohibitifs d'ailleurs peu nombreux au mariage de leur enfant majeur; mais encore il leur est permis de former une opposition sans donner de motifs, c'est-à-dire sans en avoir aucun (art. 176). Les retards que la loi prévient pour les autres personnes par la réglementation minutieuse des motifs d'opposition, et qu'elle punit quand ils ne sont pas justifiés, semblent ici entrer dans ses prévisions, et les parents trouvent toujours dans l'opposition le moyen de gagner encore du temps après les actes respectueux et de recourir aux lenteurs et à la publicité d'une instance judiciaire.

En effet, même dans les systèmes les plus favorables à la compétence de l'officier de l'état civil en matière d'oppositions, l'art. 68 s'applique naturellement quand il s'agit des oppositions formées par les ascendants. Elles sont régulières dès qu'elles sont signées par l'opposant sur l'original et la copie, signifiées par huissier aux parties et à l'officier de l'état civil, et dès qu'elles contiennent l'énonciation de la qualité d'ascendant et l'élection de domicile dans la commune. La vérification de ces conditions mettra rarement en jeu le pouvoir d'appréciation de l'officier de l'état civil, et sous peine de s'exposer à l'amende de l'art. 68, il devra surseoir au mariage jusqu'à ce que la mainlevée judiciaire de l'opposition lui soit remise.

Cette mainlevée, qui d'après le vœu de la loi doi s'obtenir dans un bref délai, brisera d'ailleurs définiti vement l'arme qui restait aux parents. M. Demolomb admet, au cas où l'opposition serait renouvelée, que le tribunal sera obligé d'attacher des dommages et intérêts à l'exécution provisoire de son jugement de mainlevée, pour réduire le pouvoir indéfini des parents ; nous ne le croyons pas. Surtout quand il s'agit de l'opposition des ascendants sans indication de motifs, le fondement immédiat et direct du droit d'opposition réside uniquement dans la disposition légale qui le concède; dès lors que cette cause unique a été examinée, il y a chose définitivement jugée et les parents ne pourraient prétendre engager une nouvelle instance, même en invoquant des empêchements précis; le rejet d'une seule opposition décide du sort de toutes les autres, au moins entre les mêmes parties.

La situation privilégiée que la loi accorde aux ascendants avant le mariage leur est maintenue après sa célébration. De même qu'ils peuvent former des oppositions en invoquant des empêchements qui ne constituent aucune lésion de leurs droits, ils peuvent aussi faire valoir toutes les causes de nullité absolue qui entacheraient le mariage conclu par leurs descendants. Pour intenter cette instance en nullité, il faut y avoir en général un intérêt pécuniaire (art. 184 et 191); mais l'article 187 n'exige cet intérêt de

BIBLIOTHÈQUE NATIONALE R.F. IMPRIMÉS

succession né et actuel que lorsqu'il s'agit de parents collatéraux ou des enfants nés d'un autre mariage ; l'art. 191 mentionne formellement des père et mère et les ascendants parmi ceux qui peuvent attaquer un mariage pour défaut de publicité ou incompétence de l'officier de l'état civil, c'est-à-dire pour des nullités bien moins importantes que celles résultant de la bigamie ou de l'inceste. Pour les ascendants, l'intérêt purement moral d'honneur et d'affection suffit et la loi les associe au ministère public pour leur permettre de faire cesser un état de choses qui blesse la morale publique. Ils peuvent d'ailleurs invoquer aussi un intérêt pécuniaire, et par conséquent conserver l'action après le décès de l'un des deux époux, quand elle s'éteint pour le ministère public (art. 190).

Les dispositions que nous venons d'analyser semblent épuiser les prescriptions positives de la loi sur l'exercice de la puissance paternelle après la majorité de l'enfant.

Il faut cependant rattacher à l'article 371, c'est-à-dire au devoir perpétuel d'honneur et de respect qui s'impose aux enfants, l'obligation où ils sont de demander le conseil de leurs parents au moyen d'actes respectueux, sur l'adoption qu'ils se proposent d'accepter (1), et certaines dispositions du droit criminel. Le Code pénal entoure d'un appareil solennel le supplice du parricide, c'est-à-dire « le meurtre des père et mère légitimes, naturels ou adoptifs, ou de tout autre ascendant légitime » (art. 14), aggrave les peines pour les crimes et les délits commis sur la personne des ascendants (art. 312 Code pénal), et déclare que le parricide n'est jamais excusable (art. 313).

1. M. Demolombe admet même que le défaut d'actes respectueux est une cause de nullité de l'adoption.

Doit-on aller plus loin et peut-on faire produire à l'article 371, qui énonce un précepte de morale emprunté à Pothier (1), des conséquences qui ne soient pas prévues par un texte positif. M. Albisson, défendant cet article au nom du Tribunat devant le Corps législatif, émit l'opinion que « cet article placé en tête de la loi deviendrait pour les juges un point d'appui en beaucoup d'occasions ». Les interprètes sont entrés dans cette voie et ont certainement dépassé l'orateur du Tribunat.

D'après certains d'entre eux (2), les tribunaux y puiseraient le pouvoir arbitraire de régler les rapports juridiques des parents et des enfants, et de refuser aux enfants l'exercice de certaines actions.

L'article 380 du Code pénal ne fait pas tomber sous la répression pénale les soustractions « commises par des pères et mères ou autres ascendants ». Ce cas d'excuse est réciproque et s'étend bien au delà des personnes liées entre elles par la puissance paternelle; il s'explique par une certaine idée de copropriété dans la famille, et par une présomption d'erreur chez le coupable sur la limite des tolérances ordinairement usitées; l'article, en excluant les poursuites criminelles, permet expressément les actions en réparations civiles. Néanmoins certains interprètes y ont vu une application de l'article 371 et y ont trouvé un nouveau point d'appui pour faire revivre des institutions absolument étrangères à notre droit.

Dans cette opinion, les actions civiles se partageraient encore en deux grandes catégories, les actions déshonorantes et celles qui ne le seraient pas. Les descendants libres d'exercer les secondes devraient sacrifier les premières au respect de la puissance paternelle ou du moins ne pourraient les intenter qu'après avoir eu recours à une

1. Pothier, *Traité des personnes*, n° 13.

2. Proudhon, t. I, page 238, et Duranton.

formalité empruntée aux souvenirs du droit romain, après en avoir reçu l'autorisation du président du tribunal.

Ainsi l'enfant héritier du mari, se trouvant dans les conditions prévues par l'art. 317, ne pourrait intenter l'action en désaveu qui appartenait à son père, mais qui entacherait gravement l'honneur de sa mère; c'est là sans doute une inspiration généreuse qui pourra naître au cœur de l'enfant, mais le système qui le lui imposerait n'a aucune base dans la loi. Juridiquement, l'action est dirigée contre l'enfant auquel on nomme un tuteur *ad hoc;* la mère doit être mise en cause, mais sa présence seule est exigée; le dommage que lui cause l'enfant est sans doute considérable, mais l'enfant défend ici le droit de la famille, venge l'honneur du père, et il peut le faire même en révélant une faute de sa mère. Aucune disposition de la loi ne déclare illicite une action intentée dans ces conditions, elle ne peut donc lui être enlevée.

L'art. 371 ne l'empêche pas non plus de poursuivre un délit commis par ses père et mère; les art. 334 et 335 C. pén. prévoient une poursuite criminelle contre les parents, et l'art. 380 C. pén. réserve expressément l'action civile en réparation du délit de vol; en présence de ces textes formels, il est difficile de soutenir le syst me qui donne à l'art. 371 des effets positifs si contraires aux principes du droit.

Mais ne peut-on pas lui donner au moins la valeur d'une règle d'interprétation dans les cas douteux où la légalité de l'action de l'enfant n'est pas certaine et où l'intérêt principal des parents dépasse de beaucoup celui qu'il peut avoir? M. Boistel (1), qui réfute heureusement le premier système, propose cet amendement, et il se fonde sur cette nouvelle distinction pour tirer de l'article 371 la solution de deux questions controversées.

1. M. Boistel, *du Droit de la famille*, p. 180, 2e partie.

L'art. 187 permet aux collatéraux ou aux enfants nés d'un premier mariage d'intenter l'action en nullité d'un mariage entaché d'une nullité d'ordre public du vivant des deux époux, mais seulement lorsqu'ils y ont un intérêt né et actuel. La jurisprudence considérant les expressions de l'art. 187 « du vivant des deux époux » comme énonciatives et non comme restrictives, admet que l'existence des époux ne forme pas obstacle à l'action des collatéraux dès qu'un intérêt pécuniaire né et actuel peut être prouvé. M. Boistel admet cette interprétation, quand il s'agit de collatéraux et s'en tient au contraire à l'opinion de Proudhon quand il s'agit d'enfants nés d'un premier lit. On leur refuserait une action qui serait en contradiction avec le devoir où ils sont d'honorer et de respecter leur père et leur mère, et on les ajournerait après la mort du dernier de leurs parents pour exercer contre l'autre époux une action « qui n'étant pas née du vivant des époux ne pourra être prescrite. » Il nous semble impossible d'appliquer dans un sens différent les termes identiques d'un même texte et nous accorderons aux enfants les mêmes droits qu'aux collatéraux.

Nous refuserons au contraire, aux uns comme aux autres, le droit de continuer l'action en séparation de corps engagée par l'époux décédé; mais l'art. 371 ne donne pas, croyons-nous, la solution de la controverse; elle se trouve dans le caractère essentiel de l'action en séparation de corps ; ce n'est pas le respect qu'ils doivent à leurs parents, c'est la dissolution du mariage qui l'anéantit entre les mains des enfants.

L'art. 371 ne sera pourtant pas inutile aux tribunaux. Ceux-ci y puiseront le droit de modérer la forme des moyens d'attaque et de défense des enfants dans leurs actions contre leurs parents. Au fond même, s'appuyant sur les dispositions de l'article relatif aux oppositions et sur les règles de la compensation des dépens, ils pourront s'en inspirer pour apprécier le montant des dommages et intérêts réclamés par les enfants pour les préjudices que leurs parents leur auraient causés par des démarches ou des appréciations suggérées par leur sollicitude, fût-elle intempestive.

La loi du 27 avril 1832, en interdisant l'exercice de la contrainte par corps entre ascendants et descendants, a rendu aussi hommage au principe de l'art. 371.

Un autre devoir survit entre les ascendants et les enfants à ceux de la puissance paternelle proprement dite, c'est l'assistance. Il prend d'ailleurs après la majorité une forme toute différente de celle que lui donnait l'article 203. Ce n'est plus comme le devoir d'entretien, une charge exclusivement imposée au père et à la mère (1), avec son étendue et sa variété, c'est une simple obligation alimentaire, corrélative des expectatives de succession, et à ce titre, son étude détaillée sort de notre sujet. La pension alimentaire due par les grands-parents aux enfants dans le besoin après la majorité suit les règles ordinaires (2). Quand elle est réclamée aux père et mère, elle n'a que la portée restreinte qui lui est habituelle (art. 204), mais la loi leur donne une faculté qui se rattache au souvenir de l'autorité domestique et au caractère des relations entre les parents et les enfants. L'article 210 ne permet pas au débiteur de la pension

1. Pendant la minorité, quand le père et la mère sont morts, le devoir inscrit dans l'article 203 s'éteint et l'obligation alimentaire naît seule à la charge des ascendants qui ne sont pas tenus du devoir d'entretien; venant au contraire en concours avec le survivant des parents à la succession des enfants, ils sont tenus concurremment avec celui-ci à la pension alimentaire en cas de besoin après la majorité.

2. En particulier on ne pourrait la faire valoir par voie d'exception compensatoire en défense à une action ; autrement dit, le bénéfice de compétence n'existe plus dans notre droit.

alimentaire de s'en acquitter en accordant l'hospitalité au créancier, sauf le cas où il est hors d'état de la payer en argent : les ascendants, hors le cas de nécessité, ne doivent pas entrer dans la maison de leur descendant comme des hôtes, plutôt supportés qu'accueillis. L'hospitalité paternelle, au contraire, ne fait que continuer d'heureuses traditions, la loi française l'a compris et d'après l'art. 211, le père ou la mère n'ont pas besoin de faire la preuve qu'ils sont hors d'état de servir la pension alimentaire pour offrir dès l'abord de s'en acquitter en recevant chez eux l'enfant malheureux. Les tribunaux gardent un certain pouvoir d'appréciation, mais s'ils jugent « en connaissance de cause », que cette cohabitation ne présente aucun inconvénient pour celui qui a droit aux aliments, l'enfant ne pourra les réclamer en argent et devra revenir demeurer avec ceux qui l'ont élevé et qui lui ouvrent un abri dont il sent encore le besoin.

La pension alimentaire des parents présente un autre caractère, mais celui-ci réciproque et commun à celle de tous les ascendants, c'est de se prolonger au delà du tombeau ou du moins de limiter la capacité du débiteur pour les dispositions entre vifs et même à cause de mort. On a fort justement donné à la réserve, entre autres fondements celui de l'exécution présumée de l'obligation alimentaire (1). Dans les limites où l'impose le Code, la réserve dépasse la portée de la pension alimentaire, elle entame non seulement les revenus mais encore le capital, et reconstitue après la mort du père ce droit à un établissement que le Code refuse à l'enfant de leur vivant. Néanmoins le principe de la réserve est conforme à la puissance paternelle, telle qu'elle est constituée dans notre droit et son

1. La législation allemande résume heureusement cette idée en l'appelant « la part du devoir », *Pflichttheil.*

organisation répond même au parallélisme que nous avons remarqué entre les droits et les devoirs de la puissance paternelle.

En effet, comme correlatif de ce devoir de la réserve, le Code accorde au père une autorité posthume (1) grâce à la quotité disponible. Sur son lit de mort, le père peut encore corriger les inégalités intellectuelles et morales qui existent entre ses enfants, récompenser les uns et punir les autres ; attribuer même toute la part laissée à sa disposition à l'un d'entre eux pour en faire le continuateur de la famille et le gardien de la maison paternelle (2).

1. Cf. Valette, dans le Compte rendu de l'Académie des sciences morales et politiques, 16 décembre 1878.

2. Le principe est posé dans le Code, mais nous verrons dans notre conclusion qu'on a pu justement reprocher à ses rédacteurs de ne pas lui avoir donné l'extension désirable.

TROISIÈME PARTIE

Le Code civil résout d'une façon satisfaisante, sinon très complète, le premier des problèmes qui soulève la constitution de la puissance paternelle. Les attributs qu'il reconnaît aux parents sont conformes au droit naturel, sagement gradués, bien adaptés aux exigences de notre époque : la justesse des principes fait pardonner certaines imprévoyances et certaines timidités dans l'application. Mais il ne suffit pas de déterminer la compétence de l'autorité domestique ; il faut encore l'organiser, c'est-à-dire faire le choix de ses titulaires, et, l'histoire nous le prouve, ce n'est pas la partie la plus facile de la mission du législateur. Deux hypothèses peuvent se présenter : les enfants sont issus d'un mariage légitime ou sont le fruit d'une union irrégulière.

CHAPITRE I

ORGANISATION DE LA PUISSANCE PATERNELLE SUR LES ENFANTS LÉGITIMES

« Les époux contractent ensemble par le fait seul du mariage l'obligation de nourrir, entretenir et élever leurs enfants. L'enfant à tout âge doit honneur et respect à ses père et mère. Il reste sous leur autorité jusqu'à sa majorité ou son émancipation. Le père exerce seul cette autorité durant le mariage. » (Art. 203, 372, 373.)

La réunion de ces articles indique la théorie du Code. Le père et la mère ont à l'égard de leurs enfants une affection commune, des devoirs identiques, ils ont donc sur sa personne des droits égaux. L'égalité parfaite quant à la jouissance est rompue quant à l'exercice de ces droits. La société conjugale se soumet à la direction du père; mais les deux personnes qui la composent doivent être toujours en éveil pour protéger l'enfant. Il ne peut y avoir antagonisme dans la direction, il doit y avoir concours dans la sollicitude; parfois même quand des intérêts de l'ordre public sont liés à ceux de l'enfant, l'exercice indépendant de ses droits devient un droit et un devoir pour chacun des parents.

Cette organisation se manifeste surtout dans les dispositions du Code relatives au mariage de l'enfant où les articles 148 et 184 ont prescrit impérativement des règles que la loi a cru pouvoir laisser en général aux mœurs, aux habitudes, à la nature même des choses.

L'art. 148 exige en principe le consentement « des père et mère », il ajoute il est vrai que celui du père suffit en cas de dissentiment, mais pour que ce dissentiment existe, il faut que la mère ait été mise en demeure d'exprimer une opinion qui pourra éclairer le fils et modifier la décision du père. L'officier de l'État civil devra donc exiger qu'on lui apporte d'une manière quelconque la preuve que la mère a été consultée sur le projet de mariage. Les parties pourront obtenir cette preuve par le moyen des actes respectueux (art. 151, 153, 154), mais la mère n'ayant le droit d'opposition « qu'à défaut du père » (art. 173), ne peut faire valoir sous cette forme son droit d'être consultée. En tout cas, il ne lui est pas permis d'invoquer l'inexécution des dispositions du Code sur ce point pour faire prononcer la nullité du mariage.

Lorsque l'enfant est majeur et que les parents n'ont plus que voix consultative, la loi accorde aux droits du père et de la mère une liberté égale; comme nous l'avons vu, l'enfant doit requérir leur avis par des actes respectueux. Il faut une demande distincte adressée à chacun d'eux et leur réponse respective est constatée dans le procès-verbal des notaires.

Le père au contraire exerce exclusivement pendant la durée de l'union conjugale, les deux autres droits qui appartiennent à la magistrature domestique sur le mariage de l'enfant, seul il peut former opposition au mariage de l'enfant majeur ou mineur; seul il a le droit d'exercer l'action en nullité fondée sur le défaut du consentement des parents au mariage du mineur.

La mère qui, dans ces deux cas, doit sacrifier ses droits à la discipline domestique, en reprend l'exercice quand il s'agit d'intenter une action en nullité de mariage, fondée sur un empêchement dirimant d'ordre public. Les articles 184 et 186 accordent aux parents ce droit en considération de leur intérêt légitime, d'honneur et d'affection, l'ordre public est intéressé à l'annulation d'un mariage irrégulier : cela suffit pour permettre à la mère d'exercer cette action en concurrence axec son mari.

En matière d'adoption les droits de la mère sont plus considérables encore. Le rapprochement de l'art. 346 et de l'art. 148 indique clairement que l'adopté est tenu de rapporter, s'il a moins de vingt-cinq ans, le consentement non seulement du père mais encore de la mère. En cas de dissentiment, le consentement du père ne suffit pas. L'adoption mérite moins de faveur que le mariage et la loi veut avant de sanctionner, cette création artificielle, que toutes les précautious aient été prises et que le consentement formel de toutes les parties intéressées ait été obtenu.

Aux termes de l'art. 361, le contrat de tutelle officieuse préliminaire de l'adoption doit être aussi précédé du consentement du père et de la mère.

En dehors de ces occasions où la mère concourt à l'exercice de la puissance paternelle, la loi pendant la durée du mariage, confie exclusivement au père le mandat légal de l'autorité, domestique c'est-à-dire des droits de garde, d'éducation, de correction et d'émancipation.

En fait la mère que le mari doit recevoir et garder dans son domicile, a de nombreux moyens d'action sur l'éducation de l'enfant; elle peut suppléer aux négligences du père et se préparer au rôle que la loi lui destine. Car la puissance paternelle appartient tout entière aux deux parents et dès que le père est incapable d'exercer le mandat qu'il a recu, la mère s'en trouve investie de plein droit même durant le mariage. Le père disparaît-il, laissant des enfants mineurs issus d'un commun mariage, la mère en a la surveillance et exerce tous les droits du mari quant à leur éducation et à l'administration de leurs biens (art. 141). La loi ne distingue pas parmi les droits de la puissance paternelle, relatifs à l'éducation; c'est le mandat complet du mari qu'elle confie à la mère, mais dans les conditions propres à son sexe. Elle exerce la plénitude des droits de garde et d'éducation comme la mère veuve, mais comme celle-ci, elle est obligée, quand il s'agit du droit de correction, d'observer les formalités de l'art. 381. D'autre part elle n'a pas l'usufruit légal que l'art. 384 n'attribue qu'au *survivant* des père et mère et comme les droits de consentement au mariage et d'émancipation ne rentrent pas à proprement parler dans les pouvoirs d'éducation, la mère ne peut les exercer, pendant la disparition du père et avant la déclaration d'absence, qu'en vertu des art. 149 et 477 ; s'il est constaté judiciairement que le père est dans l'impossibilité d'exprimer sa volonté ou si sa disparition met obstacle à une mesure utile à l'enfant, la mère, à son défaut, peut consentir au mariage ou à l'émancipation du mineur.

Bien que la loi ne fasse une application expresse de ces principes qu'au cas de disparition du père, il faut les étendre à tous les autres cas où le droit du père vient à cesser ou à être suspendu pendant le mariage. Si le père est dans un état d'absence intellectuelle dont l'effet est aussi préjudiciable aux enfants que son absence physique, la mère exerce tous ses droits, dans les limites que nous venons d'indiquer, et il faut lui accorder cette suppléance nécessaire, quand l'état de folie du mari, au lieu d'être judiciairement constaté par l'interdiction légale, est provisoirement reconnu par son placement dans un établissement d'aliénés en vertu de la loi de 1838. Alors cependant la mère a un droit moins complet ; elle doit rendre au mari l'exercice de la puissance paternelle dès qu'il se trouve dans un intervalle lucide, tandis qu'elle le conserve à la place de l'époux interdit tant qu'un jugement de main levée d'interdiction n'a pas fait cesser la présomption d'incapacité qui pèse sur lui.

D'autres hypothèses peuvent se présenter, ce sont celles de l'interdiction judiciaire, ou de la déchéance (art. 335 C. Pen.) prononcée contre le père. Quand le père subit une peine entraînant l'interdiction judiciaire, il faut, suivant nous, accorder à la mère tous les droits qu'on lui reconnaît quand l'interdiction légale a été prononcée. Le mari est frappé d'une incapacité absolue ; en fait, retenu en prison, il ne pourrait exercer la puissance paternelle que sous l'inspiration et par les yeux de sa femme. La mère aura donc les droits de garde, d'éducation et de correction ;

avec l'autorisation des tribunaux constatant l'impossibilité où le père se trouve d'exprimer sa volonté, elle pourra consentir au mariage ou à l'émancipation de l'enfant.

Quand il s'agit de la déchéance prononcée par l'article 355, la situation est plus délicate. Les droits de consentir au mariage et à l'émancipation, restent tout entiers au père ; quant aux droits contenus au titre IX du livre Ier, ils passent à la mère; mais comme celle-ci reste soumise à l'autorité maritale, il peut se produire en fait ce que la loi a voulu empêcher. La mère sera gênée dans ses droits de garde et d'éducation par le mari qui, en invoquant l'art. 214, pourra maintenir sous son toit les enfants dont la mère a cependant la garde. Faisant usage du droit d'émancipation ou du droit de consentir au mariage, il pourra annuler l'effet de la déchéance que prononce l'art. 335. S'il s'agit du mariage de l'enfant, la mère est impuissante ; mais s'il s'agit de l'émancipation faite uniquement dans l'intention de soustraire l'enfant aux droits du titre de la Puissance paternelle, nous pensons que la mère pourra s'y opposer soit en prévenant le juge de paix, soit même en recourant à la justice pour faire révoquer l'émancipation accomplie en fraude de ses droits. Elle pourra de même concilier le devoir que lui impose l'article 214 avec son devoir vis-à-vis de ses enfants, en plaçant ceux-ci chez une tierce personne.

Les difficultés de ce dernier ordre ne se présentent pas en matière de séparation de corps, puisque le jugement même rend distinct le domicile des deux époux. Mais on s'est demandé quel était celui des époux qui avait alors l'exercice des droits de garde et d'éducation de l'enfant. L'art. 302 réglait la question en matière de divorce et attribuait ces droits à l'époux qui avait obtenu le divorce, sauf les exceptions permises dans l'intérêt de l'enfant.

Nous n'appliquons pas cette règle à la séparation de corps qui laisse subsister le mariage, et conformément à l'article 372, nous laisserons en principe au père, après la séparation de corps, les droits de garde et d'éducation de même que le droit de correction et les autres attributs de la puissance paternelle. Mais sans appliquer à la séparation les termes de l'art. 302, nous accorderons aux tribunaux le droit de faire usage à leur gré de toutes les dispositions qu'il contient, en vertu du droit général de contrôle et de surveillance qu'ils ont sur l'exercice de la puissance paternelle (1), et dont l'art. 302 n'est qu'une application interprétative.

Le Code a peut-être réglé avec un peu de négligence ces hypothèses anormales où il semble qu'un désir optimiste l'empêchât de s'arrêter ; il s'est au contraire occupé avec sollicitude des modifications que pouvait faire naître dans l'organisation de la puissance paternelle la mort de l'un des époux.

Le père survit-il, rien n'est changé dans les attributs de la puissance paternelle, il les garde tous sans modification ; est-ce au contraire la mère qui reste pour protéger le fils, elle ne peut plus exercer le droit de correction qu'avec l'assistance des deux plus proches parents paternels. Cette différence que la loi attache au sexe du survivant se manifeste encore quand le protecteur de l'enfant se remarie. Le père remarié exerce encore tous les attributs de la puissance paternelle sans modification, sauf le droit de correction qu'il ne peut plus exercer que par

1. La solution que nous indiquons ici fait présager celle que nous donnerons sur le droit de l'intervention des tribunaux dans la réglementation de l'exercice de la puissance paternelle. Nous croyons en effet que l'article 302 n'a pas attribué aux tribunaux des pouvoirs extraordinaires, il leur traçait simplement des règles d'interprétations qui désormais ne s'imposent plus en matière de séparation de corps (cf. infra).

voie de réquisition. La veuve qui se remarie, perd complètement ce droit; elle perd de plus l'usufruit légal et ne conserve la tutelle légale que si elle y est maintenue par le conseil de famille.

Ces légères modifications dans les attributs de la puissance maternelle ne sont pas les seuls changements qu'entraîne la mort de l'un des conjoints. Ainsi que le rappelle l'exposé des motifs, « en perdant un des ses protecteurs naturels, le mineur réclame déjà une protection spéciale de la loi ». Cette protection, le Code l'a surtout cherchée dans les transformations de l'organisation de la puissance paternelle : il a changé l'administration légale des biens en tutelle ordinaire, et pour remplacer la mère absente il a placé à côté du père les autorités de tutelle.

En principe, cette nouvelle organisation n'a de conséquence que pour l'administration des biens où des oppositions d'intérêt peuvent surgir entre le survivant des parents et l'enfant, soit dans la succession du conjoint décédé, soit par suite d'une nouvelle union. En ce qui concerne l'administration de la personne, rien n'est changé dans l'organisation de la puissance paternelle. L'époux survivant conserve les droits de garde, d'éducation, de correction, ceux de consentir au mariage et à l'émancipation de l'enfant; la tutelle ne s'applique qu'aux biens et la jurisprudence maintient rigoureusement distincts les deux ordres d'attributions.

D'ailleurs cette distinction ne s'accuse pas par celle des titulaires; le Code a craint les empiétements de deux pouvoirs dont les sphères étaient si voisines et il a concentré dans les mêmes mains la tutelle légale et la puissance paternelle. L'une n'est même que la dépendance de l'autre; le père ne peut en priver la mère survivante, il ne peut que lui donner un conseil de tutelle (391); le dernier mourant des parents a au contraire le droit de retirer au conseil de famille le choix du tuteur et de lui en imposer un en vertu de ses droits de puissance paternelle et comme pour marquer sa prépondérance. La concentration de ces deux pouvoirs dans la personne du parent survivant a cependant pour résultat indirect de rétablir l'organisation dualiste qui existait pendant le mariage. Le subrogé tuteur, délégué du conseil de famille, n'a pas la surveillance de l'administration de la personne du mineur, mais il peut exceptionnellement et quand l'ordre public est engagé, solliciter l'intervention de la justice, surtout il peut provoquer la destitution du père de la tutelle légale.

Cet événement ne produira pas encore nécessairement de changement dans l'organisation de la puissance paternelle. L'époux survivant, même destitué de la tutelle et du droit qui en est la conséquence de désigner un tuteur par testament, garde tous ses droits sur la personne de l'enfant. Le tuteur ne peut invoquer l'art. 450, ni pour s'immiscer dans la direction de l'enfant, ni pour refuser au père dépouillé de l'administration des biens la jouissance légale, mais il a le droit, en vertu de ses devoirs d'administrateur, d'exiger que les charges de la jouissance légale soient remplies, c'est-à-dire que son pupille soit entretenu conformément à sa fortune. Les pouvoirs de l'autorité de tutelle, semblables à ceux de la mère, sont plutôt engourdis qu'absents, et d'un moment à l'autre l'intérêt de l'enfant peut les mettre en mouvement.

Il y a lieu parfois de distinguer entre le détenteur de la puissance paternelle et celui de la tutelle non pas parce que les parents ont été déclaré déchus en vertu de l'art. 445 ou parce que la mère remariée n'a pas été confirmée dans la tutelle (396) mais parce que l'époux survivant renonce aux fonctions tutélaires. Le père peut se faire excuser de la tutelle légale comme de toute autre tutelle, la mère peut la refuser (art. 394) péremptoirement. En ce cas ni l'un ni l'autre ne peuvent leur nommer un tuteur pour le remplacer après sa mort. Même de leur vivant, quoiqu'il n'y ait pas de motif de suspicion légitime, le fait seul d'avoir douté de leurs forces doit rendre la surveillance des autorités de tutelle plus vigilante et au besoin leur intervention plus puissante.

Le malheur peut continuer à frapper la famille et la mort priver l'enfant déjà à demi orphelin de son dernier soutien. En ce cas il n'y a plus à proprement parler de puissance paternelle; nous pensons cependant que le mineur est encore l'objet de deux pouvoirs distincts, l'un relatif à sa personne, l'autre à ses biens. Dès lors il nous faut déterminer quels en sont les titulaires.

Dans un premier système sans se prononcer sur la distinction qu'on pourrait faire entre les fonctions, on préfère l'unité d'organisation et on confie au tuteur aussi bien l'administration de la personne que la gestion des biens du mineur. La loi fixe les pouvoirs du tuteur et elle les règle par l'art. 450 qui décide « que le tuteur prendra soin de la personne du mineur. » Cette disposition a d'autant plus de portée que la rédaction actuelle a été substituée, sur une observation du tribunal d'appel de Paris, à une autre, qui donnait seulement au tuteur la surveillance de la personne du mineur. D'après l'art. 108, « le mineur non émancipé aura son domicile chez ses père et mère ou tuteur. » Ces deux articles investissent bien le tuteur de tous les attributs généraux de la puissance paternelle; seul en effet il peut apporter à la protection, à la direction, à la surveillance du mineur cette vigilance de tous es instants qui est incompatible avec le caractère du coneil de famille. Celui-ci a reçu de la loi des fonctions paraitement déterminées; il procède à la nomination du tuteur (art. 405), il peut en vertu de l'art. 454 fixer au tuteur, « lors de l'entrée en exercice de la tutelle, » certaines règles relatives à la gestion des biens ; mais là s'arrête sa compétence. Le législateur ne l'associe au droit de correction que pour donner au pupille des garanties analogues à celles qu'il exige de la veuve pour l'exercice de ce droit ; c'est la même pensée qui l'a inspiré quand il a confié au conseil de famille l'exercice des droits particuliers de la puissance paternelle après l'adolescence, droits de consentir au mariage, à l'émancipation, à l'engagement volontaire, à l'entrée dans la profession commerciale ; dans ce dernier cas, le Code de commerce, ne se contente même pas de l'autorisation du conseil de famille, et exige l'homologation du tribunal.

Si spécieux qu'il paraisse, ce système nous semble en contradiction avec les dispositions de notre Code. En principe quand l'enfant est orphelin de père et de mère, la puissance paternelle est confiée au conseil de famille, la nature de cet organe de la tutelle, pouvoir essentiellement délibérant, peut amener certaines atténuations dans l'application, il ne conserve que la jouissance de certains attributs de la puissance paternelle et doit en confier l'exercice au tuteur ; mais notre Code est resté fidèle à la tradition, aux principes qu'il applique dans l'organisation de tous les pouvoirs de protection du mineur, il a distingué les fonctions et il a confié celles qui regardaient la personne du mineur aux parents, c'est-à-dire au conseil de famille, à qui il accorde la même confiance et la même indépendance qu'aux père et mère.

Le droit même qui constitue la prérogative essentielle du conseil de famille, la nomination du tuteur n'est qu'un attribut de la puissance paternelle puisque le conjoint survivant peut l'en dépouiller en l'exerçant lui-même ; l'art. 454, en permettant « au conseil de famille de régler par aperçu et selon l'importance des biens régis, la somme à laquelle pourra s'élever la dépense annuelle du mineur lui confie en même temps que le vote du budget de tutelle, le gouvernement même de la personne du pupille. Comme le disait un arrêt de règlement du 9 mars 1673 sous la coutume de Normandie. « Les parents peuvent lors de l'élection du tuteur choisir le lieu et la personne qu'ils jugeront à propos pour l'éducation du mineur, lesquels ils peuvent aussi changer pendant la suite de la tutelle, s'ils avisent que c'est bien. » Le tuteur n'a pas de pouvoir propre en ce qui concerne les attributs généraux de la puissance paternelle, il n'est que le délégué du conseil de famille. Celui-ci peut lui tracer les règles qu'il devra observer dans l'exercice des droits qu'il lui confie, il le surveille par le subrogé tuteur, il peut le révoquer; même en le nommant, il peut lui préférer un tiers pour l'administration de la personne du mineur (1). Les règles sur le domicile n'entraînent pas la dévolution du droit de garde, et la loi, en réservant au conseil de famille le droit de correction, indique que les attributs généraux de la puissance paternelle lui appartiennent. Pour les attri-

1. Cette faculté reconnue de tout temps à la famille par le droit romain (l. 1. Dig. *Ut. ubi pupillus*, et l. 1 Code *Ubi pupilli*) était devenue une règle de droit en France, au moins dans le droit féodal et dans certaines contrées. Rien ne s'oppose à ce que la décision du dernier mourant des parents ou celle du conseil de famille ne fasse revivre une institution si conforme au droit naturel et qui corrigerait heureusement l'exclusion des femmes de la tutelle même d'une jeune fille mineure. Un arrêt de Rouen du 8 mai 1840 a jugé qu'une mère peut, par son testament, après avoir nommé un tuteur, désigner une autre personne qui aura la garde de l'enfant. Dans l'espèce il s'agissait précisément d'une jeune fille, le tuteur choisi était un parent, la gardienne une parente. Un arrêt de la Cour de cassation du 8 août 1815 reconnaît pareillement le droit au conseil de famille de maintenir la garde d'une pupille à une grand'mère à laquelle le tuteur la réclamait. Un arrêt de la cour de Dijon du 14 mai 1863 confirmé par la Cour de cassation le 11 décembre suivant, approuve la nomination de deux tuteurs pour le même mineur, l'un de ces tuteurs étant chargé de l'administration des biens du mineur, l'autre de la direction de sa personne.

buts particuliers, elle les lui confère expressément sans en réserver une seule parcelle au tuteur, qui n'a pas même l'initiative exclusive (art. 479) en matière d'émancipation. Le Code de commerce, en ajoutant la formalité de l'homologation à l'autorisation du conseil de famille, pose une exception qui confirme la règle et établit *a contrario* l'indépendance souveraine du conseil de famille.

La question qui nous occupe n'est pas en effet une querelle purement théorique. Si ce sont les attributs mêmes de la puissance paternelle que le conseil de famille exerce ; le champ de sa compétence s'étend au delà des limites posées par le Code, et certaines de ses délibérations prennent un caractère qui les distingue de celles qui ont pour objet l'exercice de la tutelle. Chacun des membres du conseil de famille pourra requérir du juge de paix la convocation du conseil pour délibérer sur les décisions intéressant la personne du mineur, cette convocation qui, requise par certaines personnes est obligatoire en matière d'émancipation, le deviendra chaque fois qu'il s'agira de faire destituer le tuteur. Cette destitution sera possible par le seul fait qu'il aura méconnu les règles que lui aura tracées le conseil de famille ou abusé des pouvoirs qu'il lui avait laissés. En principe les délibérations du conseil relatives à la personne du mineur qui ne sont que l'exercice des droits inviolables de la puissance paternelle ne seront pas réformables par le tribunal, au moins *a priori;* elles ne pourront être réformées que pour réprimer ou prévenir des abus préjudiciables aux intérêts du mineur, et cela même si la décision avait été prise à l'unanimité (1). Cette décision admise généralement quand

1. Le droit d'appel aux tribunaux n'est pas en effet fondé sur l'article 883 C. proc., mais sur les principes généraux qui soumettent l'exercice de la puissance paternelle au contrôle des tribunaux, dans l'intérêt de l'enfant ; il y a donc un motif péremptoire pour le refuser en cas de mariage.

il s'agit de la nomination du tuteur et de l'émancipation est quelquefois repoussée qaand on veut l'appliquer au consentement du mariage du pupille. Les raisons de décider sont pourtant les mêmes (1), l'art. 883 du Code de procédure civile n'a pu modifier des règles particulièrement graves du Code civil et n'a pas la portée générale qu'on veut lui donner (2).

Le conseil de famille se verra pourtant privé de certains droits de la puissance paternelle par la présence des ascendants. La loi a confiance dans l'affection et la clairvoyance de ces protecteurs naturels; elle leur assure toujours une place dans le conseil de famille, donne en principe à l'un d'eux la qualité de tuteur légitime et permet même au conseil de famille de charger une ascendante de la tutelle, généralement interdite aux femmes (art. 442), elle ne se contente pas de les associer ainsi à l'exercice de tous les droits qui concernent la personne du mineur; quand il s'agit de consentir au mariage et de régler les conventions pécuniaires le précédant, elle leur accorde un droit privatif. Le consentement des ascendants est nécessaire et suffisant pour le mariage du descendant; leur présence a pour effet de reculer jusqu'à vingt-cinq ans la majorité du fils pour le mariage comme celle du père ou de la mère; même contrairement à l'ancien droit, le descendant fût-il majeur doit requérir leur conseil (art. 151). L'officier de l'état civil doit suspendre la célébration du mariage devant l'opposition qu'ils forment même sans indication de

1. MM. Aubry et Rau admettent cette distinction entre les actes du conseil de famille. M. Valette après avoir soutenu l'opinion contraire sur Proudhon, t. I. page 399, défend victorieusement suivant nous cette opinion contre MM. Demolombe et Demante et contre la doctrine de deux arrêts récents, Agen 24 décembre 1860 et Dijon 14 mai 1862.

2. Les articles 885 et suivants, auquel l'article 883 sert pour ainsi dire de préface, ne s'occupent que des délibérations du conseil de famille relatives à la tutelle; le cas dont il s'agit relève de la puissance paternelle, non de la tutelle, ne saurait être compris sous la rubrique de *l'avis des parents*.

motifs. Si la loi leur attribue des droits égaux à ceux des parents, il en règle aussi la dévolution; en principe, l'exercice de la puissance paternelle en matière de mariage est confiée à l'ascendant le plus proche, fut-ce même une femme, à l'exclusion des autres. S'il y a plusieurs ascendants de degré égal, dans la même ligne, en cas de dissentiment, l'avis de l'aïeul l'emporte ; quand le dissentement existe entre les deux lignes, le partage vaut consentement. L'exercice du droit d'opposition est soumis aux mêmes règles. Le devoir des actes respectueux est exigé au contraire à l'égard de tous les ascendants au degré le plus proche. Ils ont de même, mais concurremment, le droit d'invoquer les nullités d'ordre public qui entachent le mariage de leur descendant, même sans y avoir un intérêt pécuniaire.

Ce droit est refusé au contraire aux parents autres que les ascendants; mais, jusqu'au degré de cousin germain, les collatéraux ont le droit de former opposition au mariage, « quand le consentement du conseil de famille de leur parent mineur n'a pas été obtenu ou quand ils invoquent l'état de démence du futur époux à charge pour eux d'en poursuivre l'interdiction » (art. 174).

Ce droit d'opposition est plutôt l'exercice d'un droit général de surveillance résultant de la parenté que celui d'un droit de protection ayant le caractère hiérarchique de la puissance paternelle. Il était cependant curieux de le noter pour montrer la sollicitude dont la loi entoure la protection des membres d'une famille et le soin qu'elle prend, en choisissant les titulaires, de mesurer les pouvoirs et les droits à l'affection et au devoir de chacun d'eux. Il nous reste à voir si la loi a réglé avec le même succès l'organisation de la puissance paternelle sur les enfants naturels.

CHAPITRE II

ORGANISATION DE LA PUISSANCE PATERNELLE SUR LES ENFANTS NATURELS

Les rédacteurs du code civil, en plaçant dans le titre du mariage l'art. 203 qui résume les devoirs des parents envers leurs enfants, ont commis une inadvertance qu'ils n'ont pas réparée plus tard. Ils se sont occupés avec soin de la puissance paternelle sur les enfants légitimes, mais ils n'ont pas fixé leur attention sur une situation fort intéressante et qui appelait surtout leur intervention : celle des enfants naturels.

En ce qui concerne les attributs leur négligence peut se comprendre. Dans notre Code, ce sont des droits corrélatifs à des devoirs. Les parents naturels sont soumis aux uns, ils peuvent invoquer les autres. Le code leur confère expressément les droits de correction (art. 383), de consentement au mariage (art. 158), ils exercent les droits de garde, d'éducation, d'émancipation, d'habilitation aux actes de disposition de la personne de l'enfant, au même titre que les parents légitimes ; c'est-à-dire dans l'intérêt de l'enfant et de la société. Pour deux attributs, il pouvait y avoir hésitation ; l'art. 384, en spécifiant que la jouissance légale aurait lieu durant le mariage pour le père ou après la dissolution du mariage pour la mère (cfr. aussi art.386) et l'art. 397 en supposant le choix d'un tuteur parent du mineur quand le survivant des père et mère donne un tuteur à son enfant, indiquent clairement que ces droits qui ne rentrent pas absolument dans la mission des parents et qui sont des témoignages de confiance, dont l'un même entraîne certains avantages, sont exclusivement réservés aux parents légitimes.

On arrive donc facilement à déterminer le nombre et la nature des attributs de la puissance paternelle sur les enfants naturels, mais il est moins facile de savoir quels en sont les titulaires. Quand il s'agit des enfants légitimes, l'existence du mariage, les rapports qu'il entraîne avec lui imposent pour ainsi dire à la loi positive l'organisation de cette puissance ; il n'en est pas de même quand les enfants sont nés d'une union irrégulière où leur venue est souvent la cause même d'une rupture précipitée. Ici la loi positive peut et doit exercer une mission plus large et plus complète; le Code l'a trop oublié, et dans le silence presqu'absolu qu'il garde, la jurisprudence a été obligée de jouer le rôle du Préteur romain.

Une première hypothèse, qui malheureusement est la plus fréquente, se présente, l'enfant naturel n'a été reconnu que par l'un de ses parents. Ici la solution s'impose, la puissance paternelle est exercée par l'unique parent; la tutelle est organisée à côté de la puissance paternelle et celle-ci est soumise à toutes les règles spéciales que la loi a édictées pour protéger les intérêts de l'enfant, et cela dans les conditions où elle s'exerce après la dissolution du mariage sur l'enfant légitime. Est ce la mère qui a reconnu l'enfant, elle exerce le droit de correction avec l'assistance de deux amis, elle le perd si elle se marie, elle peut être privée dans la même hypothèse de la tutelle légale, qu'elle peut d'ailleurs refuser et dont elle peut être destituée.

Ce système n'a pas été accepté sans contestation ; dès

l'abord la jurisprudence a admis que l'enfant naturel reconnu par un seul de ses parents devait être dès sa naissance en état de tutelle, mais elle a un peu hésité à accorder la tutelle légale au parent, qui cependant exerçait les attributs tant généraux que particuliers de la puissance paternelle (1). La tutelle légale est un bienfait de la loi, un acte de confiance du législateur, une disposition toute particulière aux personnes qui en sont investies ; hors des termes formels de la loi il semble plus logique et plus prudent de recourir à la règle ordinaire, unique autrefois de la tutelle déférée avec choix et en connaissance de cause. L'art. 397 en refusant implicitement au parent naturel le droit de choisir un tuteur testamentaire, apporte une preuve de cette défiance de la loi, et il faut avouer que si l'affection est naturelle dans les rapports de filiation illégitime, au moins l'irrégularité de la vie, les mauvais exemples qu'elle donne, les idées corrompues qu'elle suppose sont des raisons de se défier et de ne conférer la tutelle qu'après examen des qualités de chaque personne.

L'opinion contraire a définitivement prévalu; la jurisprudence a considéré avec raison, croyons-nous, que la puissance paternelle appartenait certainement au parent naturel et que la tutelle légale est sinon un attribut essentiel, du moins une dépendance de la puissance paternelle qui ne pouvait s'en séparer qu'à la suite d'un refus spontané ou d'une déchéance, mais non pas en vertu d'une prescription générale et *a priori*. La confusion même des deux qualités dans la même personne entourait en même temps, de garanties spéciales les intérêts du mineur.

1. MM. Valette et Demolombe refusent l'application de la tutelle légitime aux enfants naturels, en ajoutant : « Ceci d'ailleurs laisse intacte la puissance paternelle qui est de droit naturel. » Dans le même sens, arrêt de la cour de Lyon du 11 juin 1855.

Les organes de tutelle, tout en soulevant la question de la déchéance de la tutelle, pourront en même temps faire appel aux tribunaux pour prendre des mesures devenues également nécessaires en ce qui concerne la personne du mineur.

Une nouvelle tâche s'imposait à la jurisprudence quand l'enfant naturel a été reconnu par ses deux parents ; doit-il être encore en tutelle ? auquel des deux parents du père ou de la mère la puissance paternelle appartiendra-t-elle?

Sur le premier point la controverse s'est à peine soulevée. Ce qui à l'égard des enfants légitimes détermine l'organisation particulière de la puissance paternelle, c'est l'état de mariage et l'union intime qui en résulte entre les père et mère. Mais la dissolution du mariage du vivant même des deux époux quand elle était possible en vertu du divorce et ce qui engendre les mêmes résultats, l'annulation du mariage avec reconnaissance de la bonne foi des prétendus époux (art. 201) font cesser l'administration légale du père, donnent ouverture à la tutelle et préparent ainsi des organes efficaces au contrôle de la puissance paternelle elle-même. Et cependant dans ces derniers cas, les père et mère vivent encore, conservent leur affection pour leur enfant et quelquefois même leur estime l'un pour l'autre. Les père et mère d'un enfant naturel reconnu sont le plus souvent aux yeux de la loi dans une situation analogue à celle d'époux divorcés ou d'époux séparés par la nullité de leur mariage ; souvent à un rapprochement et à une amitié ephémères ont succédé la rupture des relations et un désacord profond et durable. La mère par sa faute et le peu de respect qu'elle inspire n'est pas en position d'avoir sur le père une influence profitable à son enfant. Le fait seul de l'existence des deux parents ne suffit pas pour faire écarter de l'enfant les garanties que peut offrir la subrogée tutelle et le conseil de famille même au point de vue de l'administration de la personne de l'enfant.

Mais auquel des deux parents cette administration de la personne de l'enfant appartiendra-t-elle ? qui du père ou de la mère pourra réclamer la puissance paternelle et la tutelle légale qui, d'après nous, en est la conséquence nécessaire ? Deux arguments de texte (art. 158 et 383), dictent ici la solution. La loi semble placer l'enfant naturel reconnu sous l'autorité de ses père et mère à peu près comme un enfant légitime et organiser la famille naturelle autant que possible à l'image de la famille légitime. C'est donc le père qui exercera la puissance paternelle et la tutelle légale. Ici l'autorité domestique n'est pas en jeu, mais l'intérêt du mineur semble réclamer la protection plus ferme, plus efficace du père. Celui-ci lui apporte la prééminence normale du sexe fort; par la reconnaissance toute volontaire qu'il a faite, il a témoigné au fils son affection et fait preuve du désir qu'il avait de réparer au moins à l'égard de l'enfant la faute qu'il a commise. En principe, le père aura donc l'exercice de la puissance paternelle et la tutelle légale qui en est la suite de préférence à la mère.

Mais cette règle est soumise à un correctif important ; ici, de même que pendant le mariage, le droit à l'administration de la personne et des biens de l'enfant naturel appartient virtuellement à la mère aussi bien qu'au père. Ce dernier a seulement l'exercice de ces pouvoirs et la dévolution de cet exercice n'a pas ce caractère définitif et d'ordre public que la puissance maritale lui assure d'ordinaire. La mère naturelle, si elle croit que l'éducation est mal dirigée, que l'enfant à cause de son âge ou de son sexe serait mieux entre ses mains, n'a pas à s'arrêter devant les nécessités de la discipline domestique; elle n'a pas l'espoir comme l'épouse que la communauté de domicile associe à la garde de l'enfant, de conquérir par sa persévérance et son dévouement la part d'influence à laquell elle est en droit de prétendre ; elle peut donc s'adresser aux tribunaux qui prononcent entre les demandes. des parents et se décident d'après le plus grand intérêt de l'enfant. Les juges, quand ce conflit éclate entre le père et la mère, ont un pouvoir très étendu. Ils tirent des circonstances de fait un premier élément d'appréciation. Si la mère a reconnu l'enfant la première et se présente comme défenderesse à l'action du père qui, au moyen d'une reconnaissance postérieure, vient réclamer un enfant qu'il a d'abord abandonné, ils maintiendront probablement une situation qu'une sorte d'abdication tacite du père n'a pu légaliser, mais qui constitue un préjugé favorable en faveur de la mère.

En dehors de ces circonstances qui n'influent que comme symptômes de l'intérêt de l'enfant, les tribunaux puisent dans leurs pouvoirs généraux de surveillance sur l'exercice de la puissance paternelle une véritable omnipotence. Ici l'analogie avec l'application qu'en fait la loi dans l'art. 302 est frappante. Cet article prévoyant le cas où des père et mère mariés sont autorisés à rompre leur mariage, à divorcer, décide que dans ce cas les enfants seront confiés à l'époux qui a obtenu le divorce, à moins que le tribunal, sur la demande de la famille ou du ministère public, n'ordonne, pour le plus grand avantage des enfants, que tous ou quelques-uns d'eux seront confiés aux soins soit de l'autre époux, soit d'une tierce personne. Les père et mère naturels entre lesquels n'existe pas de lien légal sont à peu près dans la situation d'époux divorcés ou séparés de corps : dès que le bon accord cesse de régner entre eux, dès qu'ils n'ont plus les mêmes vues sur l'éducation de leur enfant, dès que l'un d'eux inculpe la conduite de l'autre à l'égard de l'enfant commun, il est opportun que la justice intervienne, qu'elle examine les torts et les mérites de chacun, qu'elle donne satisfaction à l'intérêt de l'enfant en vue duquel tout doit être organisé. Une limite que les juges doivent observer à l'égard des parents naturels comme à l'égard des parents légitimes, c'est de ne pas interdire à un parent de voir son enfant.

Ce recours à la justice, permis à la mère certainement, le serait aussi au subrogé tuteur. Ce dernier a pour mission de surveiller le tuteur, de provoquer, s'il y a lieu, sa destitution; il peut par conséquent prendre l'initiative d'une mesure qui est moins grave qu'une destitution, mais qui a le même but, c'est-à-dire la protection de l'intérêt de l'enfant. Le ministère public pourrait sans doute agir dans le même sens. L'art. 302 lui en accorde le droit, et l'intervention du ministère public entre le père et la mère, délicate à admettre dans une famille légitime, ne rencontre pas les mêmes objections quand il s'agit de parents naturels.

Quand les père et mère de l'enfant mineur sont restés inconnus ou sont décédés, il y a lieu à tutelle dative ; mais on peut se demander par qui elle sera déférée. L'enfant naturel n'a pas de famille, il semble donc impossible, dit-on, de lui constituer un « conseil de famille ». La loi même ne permet jamais de le composer uniquement en appelant des amis du parent de l'enfant; l'art. 409 n'accorde cette faculté au juge de paix qu'à défaut de parents ou alliés dans les limites légales et il lui impose d'abord le devoir d'appeler des parents plus éloignés. Il y a une différence très grande entre compléter le nombre des parents par des amis et composer un conseil dit de famille dans lequel il n'y a jamais un seul parent. Quels amis même peut-on trouver à un enfant naturel non reconnu ou même reconnu et orphelin? Autour d'un enfant légitime, il est facile de rencontrer des amis de ses père et mère, amis de la famille reportant surl'enfant l'affection fondée sur l'estime qu'ils ont eue pour les parents. Ceux d'un faux ménage ne présentent pas les mêmes garanties et sont plus difficiles à désigner. Le Code semble même se prononcer expressément contre l'existence de ce conseil d'amis; un enfant légitime qui n'a plus d'ascendants est autorisé au mariage par le conseil de famille: quand il s'agit d'un enfant naturel dans la même situation, c'est un tuteur *ad hoc* qui consent. Il n'a donc pas de semblable conseil et c'est le tribunal, protecteur naturel des incapables, qui remplit son office, nomme le tuteur permanent, et pour le mariage choisit un tuteur *ad hoc.*

Ces objections sont très fortes, mais nous ne pensons pas qu'elles doivent faire repousser l'organisation d'un conseil d'amis pour exercer auprès du mineur les fonctions habituelles. L'art. 159, en prescrivant pour le mariage le consentement d'un tuteur *ad hoc*, montre une certaine défiance contre le conseil d'amis, il n'en condamne pas l'existence. Le législateur a cru qu'une pareille assemblée ne porterait pas au mineur un intérêt assez vif pour offrir la garantie d'une délibération consciencieuse et attentive sur le mariage projeté. Le tuteur *ad hoc* ayant une responsabilité plus sérieuse, parce qu'elle est concentrée dans sa personne, pèsera avec plus de soin les avantages et les inconvénients du mariage projeté. Mais si dans certaines circonstances, ce conseil d'amis n'a pas les attributions du conseil de famille, il a toutes celles qui ne lui sont pas refusées, c'est lui qui nommera le tuteur de l'enfant naturel et choisira le tuteur *ad hoc.* Par cela même le juge de paix doit veiller soigneusement à sa composition, il n'admettra pas sans examen les désignations que fera la personne qui en provoquera la nomination; il choisira même des personnes éclairées et charitables n'ayant eu aucune relation avec les parents de l'enfant de préférence à de prétendus amis qui n'auraient ni lumière ni dévouement. Il pourra, croyons-nous, faire toujours appel au tribunal, même sur la nomination du tuteur dans l'intérêt de l'enfant, même s'il y avait unanimité des voix.

Lorsque l'enfant naturel n'ayant été reconnu par aucun de ses parents a reçu un tuteur du conseil de famille, ce tuteur devra-t-il cesser ses fonctions dès que le père ou la mère fera une reconnaissance? Nous ne le croyons pas. Le parent qui ne se fait pas connaître au moment où l'on organise la tutelle de son enfant s'exclut lui-même de la tutelle, il y renonce. Il ne peut pas la revendiquer ensuite comme un droit, on pourrait seulement la lui imposer comme une charge. La mère survivante qui a décliné la tutelle ne peut pas la reprendre ensuite ni nommer un tuteur par testament, justement parce qu'il y a une tutelle dative organisée et qu'il n'y a guère d'intérêt pour le mineur à substituer une personne à une autre. Ces raisons sont d'autant plus puissantes dans notre cas que le parent naturel n'est généralement dirigé dans ces reconnaissances tardives que par un motif de cupidité. Cette solution même qui refuse la tutelle au parent, en cas de reconnaissance tardive, présente l'avantage d'intéresser à faire des reconnaissances immédiates de la filiation naturelle.

Une loi du 15 pluviôse an XIII, réglemente la tutelle des enfants assistés et leur donne pour conseil de famille, le conseil d'administration de l'hospice où ils ont été admis. A Paris, la loi du 10 janvier 1849 (art. 3), confie au directeur de l'Assistance publique la tutelle des enfants trouvés, abandonnés et orphelins.

Ces tutelles, empreintes de la sécheresse administrative, sont, hélas! les seules tutelles qui protègent les enfants des classes pauvres. Depuis longtemps la négligence où est laissée la tutelle des indigents a été signalée (1); un projet de loi de M. Jules Favre a cherché à y remédier; il n'a pas été adopté; malheureusement les projets nouveaux élaborés sur la protection de l'enfance semblent abandonner la véritable voie où il faudrait entrer et vouloir combler par de nouvelles lois les lacunes de la pratique. Mieux vaut préciser, assurer et développer l'application des règles du Code civil que de leur substituer des institutions parasites et nouvelles.

---

1. If. De la tutelle charitable par M. A. Digard dans des Annales de charité chrétienne, année 1857, mai et juin. Discussion à la Société d'Economie chrétienne. Projet de loi de M. Jules Favre sur la tutelle des indigents et sa discussion au Sénat.

TROISIÈME PARTIE

CARACTÈRE DE LA PUISSANCE PATERNELLE ET RÈGLES DE SON EXERCICE

Les différents caractères de la puissance paternelle dans notre droit ressortent déjà de l'exposé que nous en avons fait. Essentiellement divisible, la puissance paternelle n'y constitue plus comme dans le droit romain un privilège d'une application exclusive et inflexible ; ses différents attributs sont parfois dans un rapport mutuel de dépendance, ils ne sont pas entièrement solidaires les uns des autres et peuvent être exercés par des titulaires différents. En principe, ils sont fondés sur le droit naturel et établis dans l'intérêt de l'enfant; mais, ainsi que bien des détails nous l'ont révélé, ils n'ont pas tous un caractère identique. Parmi les droits des parents, les uns leur ont été accordés en vertu d'une conception particulière de leur mission dans la famille et dans la société, les autres sont les conséquences nécessaires des devoirs que la nature impose au père et à la mère, et touchent à l'ordre public.

Cette détermination des caractères de la puissance paternelle et des règles de son exercice, a été surtout l'œuvre de la jurisprudence; depuis quelques années; la situation des étrangers en France au point de vue de la puissance paternelle en a été l'occasion.

Les tribunaux, interprètes soumis du système de notre Code en ce qui concerne le droit international privé avaient d'abord à se prononcer sur l'application des règles des statuts en cette matière(1).La loi qui règle les pouvoirs des parents sur la personne de leurs enfants doit-elle être classée parmi « les lois de police et de sûreté » qui obligent toutes les personnes habitant la France? Relève-t-elle au contraire du statut personnel, c'est à dire des lois qui ont pour objet principal et prédominant de régler l'état des personnes, leur capacité et les rapports naturels qui peuvent les unir; suit-elle les Français à l'étranger et est-elle inapplicable aux étrangers en France? Appartient-elle au contraire au statut réel? .

Cette dernière question ne pouvait guère se présenter qu'à propos de l'un des attributs de la puissance paternelle: la jouissance légale. Elle a été résolue conformément à la doctrine si solidement défendue par d'Argentré, Bouhier, Bretonnier dans l'ancien droit; il faut considérer la jouissance légale non pas comme une règle

1. Des auteurs critiquent cette façon de présenter les choses et prétendent que les droits de famille ne peuvent rentrer dans les statuts que la territorialité de la loi est un principe erroné et qu'il faut dans chaque question de droit privé dégager l'élément essentiel en déterminant d'après la nature de cet élément le droit territorial le plus naturellement applicable. Cette théorie excellente en législation ne peut être admise en jurisprudence. Nous sommes encore régis par la distinction des statuts (art. 3) et par le principe de la souveraineté territoriale de la loi. D'ailleurs, les deux systèmes, comme nous le verrons, conduisent dans notre question, à des résultats identiques.

s'appliquant aux biens et régie par la loi territoriale, mais comme une dépendance de la puissance paternelle, organisée comme elle par le statut personnel (1). Dès lors le père français peut à bon droit revendiquer, au moins devant les tribunaux français, l'application des règles de la jouissance légale aux immeubles de son enfant situés en pays étranger, et la solution des difficultés que peut soulever l'application du principe, quand il s'agit des immeubles situés en France d'un enfant étranger, sous l'administration d'un père français ou étranger, dépend du système adopté sur les rapports de la puissance paternelle et du statut personnel.

Les tribunaux, en effet, ont établi une distinction fort juste, croyons-nous, entre les divers attributs de la puissance paternelle. Ils ont reconnu le caractère d'ordre public à certains d'entre eux et ont autorisé ou imposé l'application des règles qui les concernaient aux étrangers ; ils ont classé les autres dans le statut personnel. Aïnsi la justice française peut, sans violer les principes qui régissent notre droit, ordonner même entre époux étrangers, qu'un enfant qui se trouve en France restera provisoirement confié à sa mère jusqu'à ce que des tribunaux compétents aient statué d'une manière définitive sur son sort (2). Les étrangers peuvent, en vertu de la loi française être condamnées à pouvoir à l'entretien de leurs (3) enfants ils ont droit à leur respect et jouissent à leur égard des droits de revendication et de correction. Quant à ce dernier droit il ne peuvent l'exercer que dans les

1. Cassat. 14 mars 1877. Sir. 78. 125. — Aix 24 janvier 1878, S. 78, 2.240.

2. Paris 10 juillet 1855.

3. Mais la recherche de la paternité, bien que dirigée contre un étranger dont la loi nationale permettrait cette recherche, est interdite devant les tribunaux français. (Paris 2 août 1866, Sir. 66. 2. 342. Cass. 25 mai 1868, Sir. 68. 1. 365.)

formes établies par la loi française même si les lois de leur pays leur conféraient des pouvoirs plus étendus. Enfin le mineur étranger qui se trouve en France sans protection légale peut et doit même, le cas échéant, y être provisoirement pourvu d'un tuteur (1), conformément aux lois françaises.

D'autres attributs relèvent au contraire du statut personnel. La loi française défend donc aux tribunaux de les appliquer aux étrangers par respect pour la loi étrangère dont ils sont les sujets et à laquelle ils doivent rester invinciblement soumis en ce qui concerne leur état et leur capacité ; elle leur ordonne au contraire, chaque fois qu'ils le pourront, de les faire respecter par les Français, même en pays étrangers. Ainsi un Français ne pourra pas se marier valablement à l'étranger au-dessous de vingt-cinq ans sans le consentement de ses parents. Un étranger pourra le faire en France si la loi nationale le permet, mais il ne pourra ni émanciper son enfant, ni lui donner un tuteur par testament, ni réclamer la jouissance légale des biens que son enfant possède en France.

Si les lois réglant les attributs ou l'organisation de la puissance paternelle relèvent du statut personnel, une question se soulève. La puissance paternelle est un rapport entre deux personnes, et ces deux personnes peuvent être de nationalité différente ; des conflits peuvent surgir entre le statut de l'enfant et celui des parents. Lequel faut-il alors appliquer ?

La Cour de cassation a été appelée à résoudre cette question à propos de la jouissance légale, et elle a décidé que la mère israëlite, ayant adopté le statut personnel du code civil pouvait en réclamer le bénéfice sur les biens d'un

1. Cass., arr. 25 août 1847, Sir. 47. 1. 712. Bastia, 8 décembre 1863, Sir. 64. 2. 20.

mineur qui, régi par la loi mosaïque, n'y était pas soumis en vertu de son statut personnel, ici les deux parties en cause étant françaises et les deux statuts pouvant être également invoqués devant nos tribunaux, la Cour de cassation ne s'est pas décidée par des considérations tirées de la protection dûe aux nationaux ou des principes de souveraineté. Elle semble donc avoir accepté la prépondérance de statut des parents sur celui des enfants (1). Nous ne croyons pas que cette doctrine soit définitive. La Cour a appliqué ici la divisibilité des attributs de la puissance paternelle, et croyant reconnaître dans la jouissance légale un droit établi principalement dans l'intérêt des parents, elle lui a appliqué les règles de leur statut. Mais s'il s'était agi d'un autre attribut de cette puissance ayant pour objet principal la personne de l'enfant, nous sommes persuadé que sa décision eût été toute contraire. Nous en avons pour garant un autre arrêt de la même Cour, où, en refusant d'appliquer en matière de tutelle le statut personnel d'un enfant étranger, elle a cru devoir invoquer en faveur de la tutelle légale de la mère les principes de souveraineté qui s'opposent à ce qu'une loi étrangère puisse prévaloir en France contre la loi française au préjudice des droits et des intérêts français (2). Surtout nous en avons pour preuve sa doctrine si large et si véritablement française, en ce qui concerne l'admission des étrangers aux droits de puissance paternelle.

Parfois en effet la protection d'un mineur français peut se trouver confiée, en vertu même de la loi française, à un étranger. En matière de puissance paternelle proprement dite, la solution était facile, mais on a été amené à se demander si, malgré le statut personnel de l'enfant, il ne fallait pas exclure par application des art. 11 et 13 les

1. Cass. 14 mars 1877, S. 78. 1. 25.

2. Cass. 13 janvier 1873, S. 73. 1. 13. — Bourges 4 août, 1874 Sir 74. 2.69

parents étrangers des institutions de tutelle qui ne sont que des suppléances de la puissance paternelle. Après quelques hésitations la jurisprudence française a nettement repoussé le système de l'exclusion, et au lieu de voir dans l'organisation de la tutelle française une institution purement nationale fermée aux étrangers, elle y a reconnu, avec raison, la réalisation d'un devoir de droit naturel, aussi inflexible que les lois de police et de sûreté, quand il était fondé sur les liens du sang, et obligatoire pour les étrangers comme pour les Français (1). Cette doctrine donne sa véritable base au système que nous avons défendu sur la prépondérance du statut personnel de l'enfant sur celui des parents. Seule elle est conforme à l'esprit de notre code. D'ailleurs, la jurisprudence n'avait pas attendu ces intéressantes questions de droit international privé pour déterminer les caractères de la puissance paternelle et pour les invoquer comme règles de ses décisions. Droits d'ordre public comme les devoirs qu'elle sanctionne, les prérogatives des parents ne sont pas dans le commerce et ne peuvent faire l'objet d'aucune abdication ou d'aucune convention sauf dans les conditions et formes prévues par la loi. Elle ne peut être transmise ou déléguée d'une façon irrévocable à des étrangers. Le père peut toujours invoquer son droit de garde même contre un maître de pension qui prétendrait retenir l'enfant par une

1. Un arrêt de Paris du 21 mars 1862 avait déjà autorisé la mère étrangère à être tutrice de son enfant mineur. Mais un arrêt de Paris du 21 mars 1861, confirmant la doctrine d'un arrêt de Bruxelles du 29 juillet 1845 avait considéré le droit de faire partie d'un conseil de famille comme un droit civil et en avait exclu les étrangers. La Cour de cassation, en 1875, a déclaré que les ascendants étrangers peuvent être tuteurs. Depuis, la cour de Paris, 21 août 1879, a étendu cette doctrine à tous les parents étrangers et le tribunal de Briey (24 janvier 1878) a tiré des principes posés par la Cour de cassation la conséquence non moins logique que les parents étrangers peuvent faire partie d'un conseil de famille. Cf. sur la question les excellentes observations de M. le professeur Labbé dans Sirey, 75. 1. 193.

sorte de droit de gage jusqu'au payement des frais qu'il a faits en sa faveur. Une mère, investie par son veuvage de la puissance paternelle, a le droit de reprendre avec elle son enfant mineur quand même des tiers auraient pourvu pendant longtemps, dans un but de bienfaisance, ses besoins et à son éducation et voudraient continuer à le guider ; « alors du moins « qu'aucun reproche n'est allégué contre la mère » (1). Un tiers peut soustraire les biens qu'il donne à un enfant à la jouissance légale, mais il ne peut mettre comme conditions de ses libéralités, des dispositions qui modifieraient l'autorité domestique et cela les mains d'une mère naturelle.

Ce qui est évident, quand il s'agit de tiers, est plus délicat quand le contractant est une personne associée par la loi elle-même, sinon à l'exercice du moins à la jouissance de la puissance paternelle. La jurisprudence a cependant maintenu avec fermeté à toutes les règles concernant son organisation et sa dévolution, leur caractère même entre d'ordre public.

Le Code, dans l'art. 1388, avait pris la précaution de stipuler que les « époux ne peuvent déroger dans le contrat de mariage, ni aux droits résultant de la puissance maritale sur la personne de la femme ou des enfants ; ni aux droits confiés aux survivants des époux par le titre de la puissance paternelle. » L'art. 397 avait fait une application de ces principes en ne permettant qu'au dernier mourant des père et mère le droit de choisir un tuteur à l'enfant. La jurisprudence y est restée fidèle, elle a toujours annulé les traités où le père faisait à la religion de la mère des concessions sur son droit d'éducation (2) et

1. Tribunal de la Seine 13 septembre 1872.

2. Aucun auteur, en présence de l'article 1388, n'a soutenu la validité de pareils traités ; mais MM. Rodière et Pont transforment habilement la question de leur validité en une question plus générale ; celle de savoir si les tribunaux

les délibérations des conseils de famille qui maintenant une mère remariée dans la tutelle de ses enfants mineurs lui avaient tracé des règles dans l'exercice de ses droits de garde et d'éducation.

Mais ce que ne peut faire la volonté des parties, la société ne peut-elle pas le faire dans l'intérêt de l'enfant? Les tribunaux ne peuvent-ils pas limiter l'usage de contrôler certains d'entre eux ou en transporter l'exercice à des personnes appelées éventuellement à la puissance paternelle sur l'enfant, ou même qui y seraient tout à fait étrangères?

Deux dispositions pénales (art. 335, Code pénal. — L. de 1874), donnent certains pouvoirs aux tribunaux répres sifs à ce sujet et permettent de prononcer à titre de peines accessoires, la déchéance des droits contenus au titre IX, Livre I contre des parents qui ontcommis certains délits. M. Laurent a prétendu y trouverla solution de la question que nous venons de poser, et soutient que la loi, en déclarant possible la déchéance de la puissance paternelle, à la suite de certaines condamnations pénales, a ôté aux tribunaux civils tout droit de surveillance sur son exercice. Cet argument nous touche peu et nous ne voyons ni dans l'art. 335, Code pénal, ni dans l'art. 372, Code civil, qui fait cesser la puissance paternelle à la majorité de l'enfant ou à son émancipation, une fin de non-recevoir contre l'intervention des tribunaux. Les juges crééraient évidemment la loi au lieu

peuvent intervenir dans l'exercice de la puissance paternelle, au nom des intérêts de l'enfant. La violation du traité d'abord consenti par le père serait une présomption que ces intérêts sont compromis. Bien que l'aveu des parties ne soit d'aucune importance dans les questions d'ordre public, la théorie de MM. Rodière et Pont, réduite à ces termes et s'appuyant sur l'intérêt de l'enfant, pourrait invoquer quelques précédents d'analogie dans la jurisprudence (cf, infra).

de l'appliquer si, hors des cas prévus, ils admettaient l'émancipation nécessaire de l'enfant, c'est-à-dire sa sortie de la puissance paternelle, ou son extinction complète dans la personne d'un de ses titulaires ; mais ils restent tout à fait dans les limites de la loi, en surveillant l'exercice des droits qui s'y rattachent et en prenant les mesures destinées à sauvegarder les intérêts de l'enfant. A ce point de vue, l'art. 302 ne peut-être invoqué contre le droit d'intervention des tribunaux, les rédacteurs du Code n'y ont pas donné aux tribunaux un pouvoir spécial en matière de divorce, ils y indiquent simplement des règles d'interprétation. « Les enfants seront confiés à l'époux qui a obtenu le divorce » et les cas d'exception « à moins que le tribunal sur la demande de la famille ou du ministère public, n'ordonne pour le plus grand avantage des enfants que tous ou quelques-uns d'entre eux seront confiés aux soins, soit de l'autre époux, soit d'une tierce personne ». Ces dispositions réglementaires et non attributives ne sont pas limitatives et il est impossible de tirer de cet article un argument *a contrario* qui nous ferait sortir du système général de toute notre législation. En principe, un droit privé n'existe qu'à condition de ne pas troubler l'ordre qui est l'union de tous les droits protégés par le pouvoir ; tous les droits des citoyens sont placés sous le contrôle et la surveillance des tribunaux, et plus ils touchent à l'ordre public, plus leur dépendance en est étroite. L'état et la capacité des citoyens ne peut être, dit-on, modifié qu'en vertu d'un texte spécial; mais il ne s'agit pas dans l'espèce d'une question d'état. Comme nous l'avons déjà indiqué, la puissance paternelle n'est une question d'état qu'à l'égard de l'enfant; les tribunaux en réglant l'exercice ou la dévolution de certains de ses attributs, ne changent en rien l'état de l'enfant qui reste toujours soumis à cette protection, ni celui du parent qui garde la jouissance de tous ses droits et même leur exercice sous une forme atténuée. (1)

La jurisprudence ne s'est pas arrêtée aux objections que nous avons essayé de refuter, elle a nettement tracé la limite de ses pouvoirs à propos de la séparation de corps, et elle en a fait usage dans tous les cas où la protection des intérêts de l'enfant ou les droits des ascendants appelait son intervention.

Quand la séparation de corps a été prononcée celui des époux auquel on a préféré l'autre pour l'exercice des droits de garde et d'éducation ne cesse pas d'avoir la jouissance virtuelle de ces droits, et même leur exercice réel dans des proportions atténuées. Le parent frappé de déchéance en vertu de l'art. 335 ne pourrait élever aucune prétention à la direction de ses enfants; l'époux privé de l'exercice du droit de garde par la décision des tribunaux civils n'est pas pour cela privé de son droit de surveillance sur leur éducation (2), il peut même recourir à l'intervention de la justice dans le cas où la mère ferait un usage abusif de la mission qui lui a été confiée, par exemple, au cas où elles en servirait pour élever le fils dans une religion différente de celle du père (3). On a toujours soin de lui réserver le droit d'entretenir avec ses enfants des communications directes plus ou moins fréquentes. Les mesures prises par la justice au lieu d'être définitives sont éminemment provisoires. elles sont à chaque instant susceptibles d'être rapportées ou modifiées à raison de

1. Il ne faut pas, croyons-nous, faire intervenir dans cette discussion, l'article 444. Ainsi que l'a fait remarquer tout récemment le tribunal de la Seine, la tutelle et la puissance paternelle sont indépendantes et la destitution de l'une n'entraîne pas la déchéance de l'autre.

2. Cass. 30 mars 1859, S. 59. 1. 661. — 24 juillet 1878, S. 79. 1. 424.

3. Cass, 9 juin 1857, aff. Berton, S. 57, 1. 590.

circonstances nouvelles (1). Elles ne peuvent porter sur les droits de la puissance paternelle, autres que le droit de garde et d'éducation (2); elles doivent respecter les règles du Code en ce qui concerne les droits d'émancipation et de consentement au mariage. Même pour le droit d'éducation, elles détruisent si peu la puissance paternelle que l'accord des parents même séparés sur les points essentiels de l'éducation des enfants, doit être sanctionné par les tribunaux à moins qu'il n'en puissent résulter un préjudice pour les enfants (3).

Cette dernière restriction indique les vrais principes de la matière, ce n'est pas tant le droit des parents que le jugement de séparation de corps règle, c'est le droit de l'enfant qu'elle consacre et protège. Le développement moral, l'éducation de l'enfant est le but et le mobile de toutes les mesures prises par le tribunal, et comme le dit justement un arrêt récent de la Cour de Paris : « S'il est vrai que la disposition qui dans le jugement, statue sur le mineur se rattache à la séparation de corps, prononcée entre les époux et procède de la nécessité qui en découle de régler pour l'avenir leurs rapports avec leur enfant, cette décision a principalement en vue, ainsi que le veut l'art. 302, d'assurer par les mesures qu'elle prescrit le plus grand avantage de l'enfant. *C'est dans cet objet qu'elle puise sa raison d'être et sa cause déterminante et* dès lors tant que cette cause est présumée subsistante tant qu'il n'a pas été jugé que le plus grand avantage précédemment reconnu par le tribunal a cessé d'exister, le jugement doit continuer à recevoir son exécution (4). » Par appli-

1. Paris 5 juillet 1853, S. 53. 2. 453. — Cass. 22 janvier 1867, S. 67. 1. 212.

2. Cass. 5 mars 1856.

3. Cass. 6 février 1865, S. 65. 1. 58.

4. Arrêt de la cour de Paris du 7 juillet 1880. (*Gazette des tribunaux* du 29 juillet 1881.)

cation de ces principes la mère qui a été privée de la garde de ses enfants par le jugemeut de séparation, ne peut, à la mort de son mari, soutenir qu'investie de la puissance paternelle et de la tutelle légale par le seul effet de cette mort, sa situation n'est plus régie par le jugement et que ce jugement, en ce qui concerne son enfant ayant perdu toute autorité, il n'appartient qu'à elle d'en avoir la garde. Si les intérêts de l'enfant ne peuvent être lésés en vertu de droits postérieurs à la séparation, ils ne peuvent pas non plus souffrir de l'exercice des droits réservés aux parents; ainsi, le père auquel la garde de l'enfant a été retirée ne pourrait pas annuler la disposition du jugement de séparation de corps qui la confiait à son conjoint en usant de son droit de l'émanciper (1).

On le voit, les principes posés par la jurisprudence en matière de séparation de corps dépassent les limites restreintes où certains auteurs voudraient la renfermer. Elle fait usage de son pouvoir supérieur de contrôle à propos de la séparation de corps mais ce n'est ni dans l'art. 302, ni dans le fait de la séparation qu'elle puise ses pouvoirs. Elle les étend jusqu'à régler le droit d'émancipation, et elle leur donne leur véritable fondement et leur véritable limite, l'intérêt de l'enfant et de l'ordre public. En même temps elle se refuse toujours à appliquer la déchéance complète et définitive de la puissance paternelle, et devinant les trésors de régénération morale que contient parfois l'amour des enfants, elle laisse subsister la puissance paternelle aux mains des parents dans les conditions où elle ne peut pas nuire à l'enfant.

Les tribunaux ont appliqué sans hésitation la même doctrine à la protection des enfants naturels et à celle

1. Cass., requête 4 avril 1866.

des enfants légitimes que la mort de l'un de leurs parents mettait en tutelle. Pour les uns comme pour les autres ils ont formellement reconnu que l'art. 444 était inapplicable à la matière, et que la destitution, d'ailleurs toujours possible de la tutelle légale, n'entraînait pas nécessairement le transfert au nouveau tuteur des droits de garde et d'éducation (1). Mais en même temps ils ont maintenu leur pouvoir de contrôle, et ils n'ont pas hésité à refuser à la mère veuve l'exercice du droit de garde sur la personne de ses enfants mineurs, quand elle ne présentait pas des garanties suffisantes pour la sauvegarde de leurs intérêts moraux (2).

Quand le lien conjugal subsiste sans que la séparation de corps soit venue l'affaiblir et quand l'union des deux époux donne à la puissance paternelle son organisation complète et normale, la jurisprudence s'est montrée jusqu'ici plus réservée; ou du moins elle a trouvé moins d'occasions de se prononcer. Le plus souvent le mauvais père est un mauvais mari, et la mère éprouve le besoin de se protéger elle-même en même temps que ses enfants. Dans ce cas les tribunaux exercent à la fois leur double compétence, qui souvent se confond et les abus mêmes de la puissance paternelle deviennent souvent à cause de leur caractère outrageant pour la femme, des griefs de séparation de corps. Ainsi, la cour de Lyon a reconnu que les torts du mari envers l'enfant commun, par exemple le refus par lui de faire baptiser son enfant, constituait « non seulement un déplorable abus de l'autorité paternelle, mais une violence morale envers la mère et l'oubli d'une promesse tacite mais virtuelle qui ont dû blesser la conscience

1. Cass. 15 mars 1864, Sir. 64. 1. 155. — Tribunal de la Seine, jugement de juin 1882, aff. de Chaulnes.

2. Tribunal d'Epinal, 17 janvier 1877. (*Gazette Tdesribunaux*, avril 1878.) — Cass., requête 27 janvier 1879, aff. Chevandier de Valdrôme, D. 79. I, 464.

d'une femme chrétienne dans ses sentiments les plus intimes et les plus respectables » (1). Cette application n'est pas la seule et, en général, la mère peut recourir à la séparation de corps pour protéger les intérêts de ses enfants.

Est-ce la seule voie qui lui soit ouverte ? nous ne le croyons pas.

Les tribunaux ont reconnu que même durant le mariage, ils pouvaient exercer leur contrôle sur la puissance paternelle (2). Il faut dès lors trouver les auxiliaires de la justice qui provoqueront ce contrôle. Le tribunal du Puy a refusé au conseil de famille le droit d'intervenir pendant le mariage et nous croyons de même que les ascendants n'auraient pas qualité pour réclamer, sauf si un de leurs droits est lésé. Le ministère public a perdu dans notre législation le droit d'agir d'office en matière civile hors les cas spécifiés par la loi. Il peut poursuivre les délits dont les parents se rendraient coupables à l'égard de leurs enfants, les poursuivre même comme complices des délits de l'enfant. Il peut, dans une instance en séparation, requérir les mesures nécessaires pour le plus grand avantage de l'enfant (art. 267 et 302); mais en dehors d'une poursuite criminelle et en dehors de toute contestation civile engagée, il ne pourrait pas prendre une initiative qui aurait pour résultat de détruire l'un des principes même de notre droit : l'inviolabilité du foyer domestique.

Qui donc défendra les intérêts du mineur et provoquera l'intervention des tribunaux ? Par extension de ce qui se fait pour la protection de ses intérêts matériels on pourrait admettre dans les cas extrêmes la nomination, soit par le tribunal, soit par le conseil de famille d'un adminis-

1. Arrêt de Lyon 27 mars 1874, cité dans Fuzier. Hermann. Protection des enfants, Paris 1878,

2. Cour d'Alger 27 juin 1861.

trateur *ad hoc* chargé de le représenter. L'intervention personnelle de l'enfant, s'il est en âge de discernement, serait même possible au moins par voie de référé, comme semble l'indiquer un arrêt de la Cour de Caen (1), ou même dans une instance civile avec autorisation du juge (2).

Ces solutions nous semblent sauvegarder moins bien les intérêts du mineur que la doctrine qui confie à la mère la mission et le droit de provoquer l'intervention de la justice pour régler l'exercice de la puissance paternelle dans l'intérêt du mineur. Aux termes de l'art. 203 « les époux contractent ensemble » c'est-à-dire l'un envers l'autre le devoir de nourrir, entretenir et élever leurs enfants, la loi lui confie pendant le mariage la mission de contrôle et de surveillance que le subrogé tuteur exerce pendant la tutelle. La mère agira donc tant en son nom personnel qu'au nom de son enfant. L'art. 373 ne l'empêche pas d'agir, car en provoquant l'intervention des tribunaux contre son mari, elle ne réclame pas en sa faveur l'exercice de la puissance paternelle, mais l'exécution des obligations naissant du mariage et le respect du droit de l'enfant. Les règles sur l'autorisation maritale exigée par l'art. 215 ne paralysent même pas son action. Il a été jugé que la femme pouvait introduire seule une instance en référé (3), la mère pourra recourir à ce moyen pour obtenir les mesures ordinairement urgentes que réclame la situation, et quant à l'instance principale, l'autorisation de justice remplacera aisément celle du mari (4).

1. Caen 31 décembre 1811, D.... Sirey 1812. II. 280.
2. Cf. *Moniteur des Juges de paix*, n° mars 1882.
3. Tribunal de la Seine 19 juin 1863.
4. On pourrait peut-être soutenir, par analogie avec certaines décisions de la jurisprudence sur la demande en interdiction du mari en vertu de l'art. 490 (Lyon 5 mars 1863), que la femme, exerçant ici une sorte de fonction d'ordre public, n'aurait besoin d'aucune autorisation. Nous ne le pensons pas, il faudrait un texte formel.

QUATRIÈME PARTIE

LA PUISSANCE PATERNELLE DANS LES LÉGISLATIONS ÉTRANGÈRES

§ I. — *Russie.*

La puissance paternelle est fortement constituée en Russie, le nom de l'empereur Nicolas Ier sous le règne autocratique duquel la législation russe a été codifiée en est un sûr garant. Le rédacteur du *svod* ou code civil croit devoir refuser formellement aux parents le droit de vie et de mort (art. 118), et la faculté de constituer les enfants en état de servage (aujourd'hui aboli), mais il leur donne le droit d'employer les moyens domestiques de correction, et celui de faire détenir les enfants dans une maison de répression. Les parents doivent consentir au mariage; le père peut, par testament, donner un tuteur à ses enfants et l'exhéréder, mais seulement de ses acquets et conquets, jamais des biens patrimoniaux. La puissance paternelle ne s'éteint pas par la majorité de l'enfant mais subsiste jusqu'à la mort naturelle ou civile des parents. Elle est limitée par l'entrée de l'enfant dans une institution publique, par le mariage de la fille, par l'entrée des enfants au service public « qui les affranchit de leur ancienne et immédiate dépendance d'avec leurs parents. » L'art. 124 recommande aux enfants de respecter l'autorité paternelle et même de vénérer la mémoire des parents décédés. L'art. 117 défend aux parents de forcer leurs enfants à commettre une action illégale ou de les contraindre au mariage (art. 10), mais l'art. 115 déclare que l'insubordination des enfants contre leurs parents ne saurait donner lieu à une enquête de la puissance publique et pas davantage permettre aux enfants de se justifier. Aucune réclamation des enfants contre les parents, en ce qui concerne les rapports personnels, ne peut être admise. Les enfants ne restent pourtant pas sans aucune protection, soit pour leurs biens, soit pour leur personne.

Une institution probablement empruntée au droit canonique les protège, c'est le conseil de conscience (sovestnyi soleund). Il connaît au civil des contestations entre les parents et les enfants, et en matière criminelle, il limite en la partageant la juridiction paternelle, il connaît des outrages commis envers les ascendants.

Cette cour spéciale offre des garanties d'impartialité dans son recrutement et nous lisons dans son règlement même. « En général, elle statue d'après la teneur de la loi, mais comme sa mission est de protéger la sûreté des particuliers, d'apporter à l'examen et au jugement des affaires un esprit de miséricorde et de suivre les inspirations de la conscience, elle doit, dans tous les cas, se conformer à ce que réclament : 1° l'humanité ; 2° le respect pour la personne du prochain ; 3° la protection de l'humanité contre l'oppression. »

Ces principes ne sont pas les seuls qui apparaissent dans le svod. L'art. 54, porte, qu'en cas de mariage mixte, si l'un des conjoints appartient à la religion orthodoxe, l'autre contractant doit signer l'engagement de faire baptiser les enfants dans cette religion. D'après l'art. 121, les parents doivent se consacrer au développement moral des enfants et diriger leur éducation domestique de manière à former leurs mœurs et à leur inspirer « des principes conformes aux vœux du gouvernement. » « Pourront d'ailleurs les parents élever leurs enfants chez eux ou dans les institutions établies, soit par le gouvernement, soit par les particuliers à condition que depuis leur dixième jusqu'à leur dix-huitième année ils soient élevés en Russie. » D'après l'art. 122, « quand les enfants auront atteint l'âge convenable, les parents prendront soin quant aux fils, de les placer au service public ou de leur faire embrasser une carrière industrielle, et quant aux filles de les établir ».

La loi russe est presque muette sur les enfants naturels. Les art. 96 à 98 contiennent des dispositions d'après lesquelles les enfants trouvés ou les fils naturels d'employés sont à la disposition des différents services publics dont le père relève. Un arrêt de la cour de justice de Saint-Pétersbourg (*Journ. jud.*, 1870, n° 310), décide que la puissance paternelle sur les enfants naturels appartient à la mère et non au père.

Un arrêt du Sénat de 1869 (*Rec. des arrêts du Sénat*, t. I, n° 652. Dép. civil de cassation, n° 68, Koudionolsof) reconnaît que si les parents doivent entretenir leurs enfants ; personne n'a le droit de s'immiscer dans la façon dont les parents appréciant leur position jugent devoir satisfaire à leurs obligations. Le Code pénal russe de 1866 punit de l'emprisonnement les parents qui contraindraient leurs enfants au mariage ou à l'entrée dans un couvent (§ 1586) et contient des dispositions d'une juste sévérité contre les parents qui pousseraient leurs enfants au crime ou au désordre (§ 1587).

La puissance paternelle est donc, dans la législation russe, perpétuelle et fortement constituée, sauf les limitations parfois excessives que lui imposent des préoccupations religieuses et politiques; elle n'admet l'intervention de la puissance publique que sous forme de recours à un tribunal d'équité, ou sous forme de répression des délits de la Puissance paternelle par les tribunaux criminels.

§ 2. *Allemagne et Autriche.*

Le droit de l'Allemagne moderne est aussi très favorable à la puissance paternelle. On ne s'en étonnera pas si on se souvient que le droit commun allemand n'est pas ainsi qu'on serait tenté de le croire, comme notre droit coutumier, le résumé des coutumes germaniques mais bien le droit romain du Code et des Novelles, modifié par les besoins de la société chrétienne et des habitudes modernes. En principe, la puissance paternelle est perpétuelle; elle donne au père le droit de surveiller l'éducation de l'enfant, d'indiquer la religion où il sera élevé jusqu'au moment où il peut choisir librement, de fixer la profession pour laquelle l'enfant doit être préparé, sauf le droit pour celui-ci de réclamer contre une contrainte illégitime, de consentir à leur mariage sans que le défaut de consentement soit un empêchement dirimant; de le corriger modérément, de le faire détenir pour un temps limité dans une maison de correction; les enfants ne peuvent poursuivre leurs droits contre leur père qu'en se faisant autoriser au préalable par le tribunal. Les parents ont la faculté de leur nommer un tuteur testamentaire et de les exhéréder pour les causes de la Novelle 115. Mais la puissance paternelle est partagée par la mère, elle en hérite à la dissolution du mariage; elle peut même recourir aux tribunaux quand, durant le mariage, elle est en contradiction avec le père sur le mode d'éducation des enfants. En principe, en cas de mariages mixtes, les stipulations particulières sur la religion des enfants ont force légale. Enfin, on admet d'une manière générale l'intervention des tribunaux pour empêcher les parents d'abuser de leur autorité. C'est la mère qui exerce la puissance paternelle sur les enfants naturels.

En dehors du droit commun, deux grands codes régissent les pays de langue allemande : le Code prussien, publié par Frédéric II et le Code autrichien de 1811. Ils diffèrent peu du droit commun. On peut cependant noter en Prusse la division de la minorité en trois périodes distinctes; la nécessité pour la mère d'allaiter l'enfant, la faculté pour le fils pubère de réclamer devant le juge contre l'éducation que lui fait donner son père. Aux termes d'une ordonnance de 1813, le père fait suivre sa religion à ses enfants, mais ceux-ci ont le droit d'en changer à quatorze ans. Le Code autrichien ne se distingue pas que par une fidélité plus grande aux traditions du droit canon. Il faut y remarquer cependant une disposition intéressante. En principe, la puissance paternelle cesse à la majorité, c'est-à-dire à vingt-quatre ans; mais aux termes de l'art. 173 : « Il y a motif légitime pour requérir en justice la continuation de la puissance paternelle lorsque l'enfant malgré sa majorité n'est pas en état, par suite de faiblesse corporelle ou d'esprit, de veiller à son entretien ou de diriger ses affaires, ou lorsque, pendant sa minorité, il a fait des dettes considérables ou commis des fautes qui exigent la continuation de la surveillance du père. » Cette demande, depuis la patente du 9 août 1852, est soumise à une publicité spéciale. L'intervention des tribunaux est largement admise. « En cas d'abus de la puissance paternelle ou en cas de négligence, l'enfant et même toute personne et surtout les plus proches parents peuvent dénoncer le fait aux tribunaux; après une instruction, le tribunal statuera suivant les circonstances » (art. 178). « Les père et mère qui négligent entièrement l'entretien et l'éducation de leurs enfants peuvent être privés pour toujours de la puissance paternelle » (art. 177).

Le Code pénal de 1852 (art. 414-416) consacre une section aux « mauvais traitements des parents envers leurs enfants » dans le chapitre des délits lésant ou menaçant la vie. En cas de mauvais traitements, les parents peuvent être cités en justice pour y recevoir une admonestation sévère. A la première récidive ils sont réprimandés et menacés de perdre la puissance paternelle. S'ils se rendent coupables d'une seconde, ou dès la première fois « si la disposition des parents est telle qu'il est à craindre que l'enfant ne soit exposé à de nouveaux sévices, le tribunal déclarera les parents déchus de leur pouvoir paternel; la garde de l'enfant pourra leur être ôtée, il sera élevé dans un autre endroit, et un curateur lui sera nommé. Une peine correctionnelle pourra de plus frapper les parents.

L'enfant naturel a droit à des aliments de ses parents, il est mis en tutelle dès sa naissance (art. 166), mais le père ne peut le retirer à la mère tant que celle-ci peut et veut l'élever, il doit au contraire le faire, si les intérêts moraux de l'enfant lui semblent compromis (art. 170 et 171).

Depuis quelques années les pays de langue allemande ont déployé une nouvelle activité législative. Nous étudierons le Code saxon, publié en 1863, en même temps que le Code italien. En Autriche, des lois récentes ont supprimé dans les mariages mixtes l'obligation d'élever les enfants dans la religion catholique; les fils suivront la religion du père, les filles celle de la mère, sauf conventions contraires, conclues avant ou pendant le mariage. A partir de quatorze ans, toute personne a le droit de choisir sa religion.

Dans l'Empire allemand, la loi du 6 février 1875 sur le mariage civil s'occupe de la puissance paternelle au point de vue du mariage. Elle n'admet pas les actes respectueux, elle exige le consentement du père jusqu'à l'âge de vingt-cinq ou vingt-quatre ans, suivant qu'il s'agit de fils ou de fille; le consentement de la mère n'est demandé qu'en cas de décès du père, et si l'enfant est mineur, il ne suffit pas, il faut encore celui du tuteur. Arrivé à sa majorité (21 ans), l'enfant peut attaquer le refus de son père et passer outre avec l'autorisation de la justice (art. 29 et 32). On applique aux enfants naturels les mêmes principes qu'aux enfants légitimes qui ont perdu leur père (art. 30). Pour les enfants adoptifs, le consentement de l'adoptant remplace celui du père naturel, sauf dans les parties de l'Empire où l'adoption ne confère pas la puissance paternelle (art. 31).

Quand les père et mère sont décédés, le majeur n'a besoin d'aucun consentement, le mineur doit demander celui de son tuteur (art. 29). La loi n'exige pas le consentement des aïeuls et aïeules et remplace celui du conseil de famille par celui du tuteur. Mais il faut remarquer que le même art. 29 stipule expressément que c'est « le droit local qui détermine dans quels cas il faut consulter le tribunal de tutelle ou le conseil de famille » et que l'art. 36 renvoie aux lois locales pour déterminer les conséquences des unions contractées contrairement à ces prohibitions, on jugera donc d'après les législations des divers États particuliers le point de savoir si elles constituent des empêchements dirimants ou prohibitifs.

L'unité de législation est donc plus apparente que réelle dans l'Empire d'Allemagne sur ce point important et la puissance paternelle a encore une organisation différente dans les nombreux États qui la composent.

En Prusse, deux lois récentes se sont occupées de la protection de l'enfance. La loi du 5 juillet 1875 réforme et unifie la législation de la tutelle. Elle distingue la puissance paternelle de la tutelle et confie la tutelle légale au père; elle permet aux parents de nommer un tuteur que le tribunal tutélaire est toujours en droit d'écarter. Les parents peuvent interdire la nomination d'un subrogé tuteur, interdire ou réclamer la formation d'un conseil de famille; ils peuvent en désigner les membres. Ce conseil, quand il existe, est présidé par le juge tutélaire et a tous les droits et les devoirs du tribunal tutélaire (art. 75), il peut, comme celui-ci, infliger au tuteur et subrogé tuteur des amendes disciplinaires. A côté de lui, ou à son défaut fonctionne un conseil des orphelins (*Waisenrath*) qui exerce des fonctions de surveillance et se préoccupe surtout de la personne du pupille, de son bien-être matériel et de son éducation; il donne son avis sur la destitution de la mère en ce qui concerne l'éducation de l'enfant, mais il n'a aucune action sur la tutelle légale du père dispensé de la subrogée tutelle. Le tuteur légal de l'enfant naturel est le père de la mère naturelle; l'enfant majeur interdit est soumis à la tutelle légale du père.

La loi du 13 mars 1878 s'occupe du placement des enfants laissés sans surveillance. L'art. 1 permet à *l'administration* de placer dans une famille présentant les conditions voulues (*geeignete familie*) l'enfant qui a commis *une action punissable* (1) entre l'âge de 6 et 12 ans, quand le

1. Cette action punissable peut être même une contravention.

caractère de l'action punissable, la situation personnelle des parents et les autres conditions de son existence rendent ce placement nécessaire pour prévenir un plus grand abandon moral. Ce placement, sous le régime de l'éducation forcée, n'a lieu qu'après qu'une décision du tribunal de tutelle, saisi de la question par le ministère public, a vérifié et déclarées constantes les conditions prévues dans cet article (art. 9). Avant de statuer, le tribunal de tutelle doit entendre les père et mère; s'ils sont décédés, les ascendants et les autres protecteurs légaux du mineur et les représentants de la police locale. Toutes ces personnes peuvent se pourvoir contre la décision, mais les père et mère et les ascendants ne peuvent le faire que quand la décision ordonne le placement. Ils ont toujours le droit, quand ils n'ont pas été entendus, de demander à toute époque la reprise de la procédure. L'obligation du placement incombe aux corps provinciaux ou d'intérêt commun (*Kommunalstœndische Verbaende*). Le placement forcé cesse quand l'enfant a atteint sa seizième année ou quand il intervient une ordonnance de libération. Cette ordonnance est délivrée par les corps sus-indiqués dès que l'objet de l'éducation forcée a été réalisée. Les père et mère peuvent toujours la réclamer en offrant de la réaliser par d'autres moyens, et en ce cas le tribunal de tutelle statue. Quelquefois l'éducation forcée peut être prolongée jusqu'à dix-huit ans. L'art. 16 dispose expressément que cette loi ne déroge pas aux dispositions légales et qui permettent de recourir à cette mesure en dehors des cas où une action punissable aurait été commise (1).

1. Par exemple par application des articles 90 et 91 du 2e titre du Code prussien qui obligent le tribunal de tutelle à intervenir d'office quand les parents maltraitent cruellement leurs enfants ou les excitent au mal.

§ 3. — *Angleterre et Amérique*

La législation anglaise est très intéressante à étudier au point de vue de la puissance paternelle.

Les dispositions du *Common Low* sont peu nombreuses sur le sujet. Les parents sont tenus par la loi d'entretenir leurs enfants (Eliz. 43, c. 2), et cet entretien est fixé à 20 shellings par mois. Le père seul a la puissance légale sur les enfants, il en a la garde et peut leur faire réintégrer le domicile paternel au moyen d'un *habeas corpus* délivré par les tribunaux; il lui est permis de les corriger pendant son minorité d'une façon raisonnable et de déléguer leur autorité à des maîtres d'école. La puissance paternelle cesse par l'arrivée de la majorité, c'est-à-dire à l'âge de vingt et un ans. L'éxhéredation absolue et sans contrôle est admise.

En Ecosse les lois relatives au mariage sont au point de vue du consentement des parents, d'une largeur qui leur avait valu une réputation européenne. En Angleterre il en était de même jusqu'à un statut de 26 George II, c. 33 qui annula les mariages où l'un des conjoints était mineur de vingt et un ans s'ils avaient été célébrés sans la publication des bans et sans le consentement du père, de la mère non remariée ou du tuteur. Mais un acte de 3 George IV, ch 75, rend ce droit des parents presque illusoire; en effet le défaut de consentement du père, de la mère ou du tuteur n'entraîne nullité qu'autant qu'il y a eu opposition au mariage et le même statut dispense des publications qui pourraient provoquer ces oppositions sur l'affirmation des parties, confirmée il est vrai par serment, que les personnes dont le consentement était requis ont connaissance du mariage et y consentent.

Un statut de George III a aboli les dispositions législatives contraires à la liberté religieuse; divers statuts d'Elisabeth et de ses successeurs permettaient en effet à la cour de Chancellerie de forcer un père catholique à entretenir sur ses biens son fils majeur si celui-ci était protestant, et frappaient de peines sévères les parents catholiques qui faisaient élever leurs enfants à l'étranger ou même hors de chez eux dans une famille catholique.

Les cours de *Common Law* se refusent le droit de contrôler l'exercice de la puissance paternelle. Mais si les Anglais maintiennent énergiquement le principe, ils lui donnent les plus larges atténuations, grâce à une institution précieuse et originale de leur organisation judiciaire: les Tribunaux d'équité.

Ce que les tribunaux de droit commun ne peuvent essayer, la Cour de Chancellerie (I) le réalise. Les magistrats qui la composent rappellent, par leurs fonctions le censeur, le préteur et le *prætor tutelaris* des Romains, l'official du moyen âge, et sont considérés comme les représentants immédiats du pouvoir tutélaire de la Royauté. Forte de cette origine et des garanties qu'elle présente par son organisation et sa jurisprudence séculaires aux justiciables, la Cour de Chancellerie exerce sur la puissance paternelle et même maritale un contrôle efficace. Elle peut ordonner sur la requête d'un représentant de la mère qu'elle aura accès près de ses enfants, qu'elle en aura ou conservera la garde jusqu'à leur seizième année, si leur intérêt l'exige. Les parents peuvent être privés de leur puissance pour une conduite scandaleuse, par exemple pour mauvais traitements sur l'enfant, habitudes d'ivrognerie et de débauche, profession de principes athées

1. Un acte de 1873 a supprimé la Cour de chancellerie en la faisant rentrer dans les cadres d'une organisation judiciaire semblable à la nôtre ; mais en en faisant une simple chambre des cours supérieures, l'acte lui a expressement maintenu, sa compétence, ses principes et sa procédure.

et irréligieux, dangers de corruption pour l'enfant par suite des relations domestiques des parents.

A côté de cette admirable institution, toute coutumière et qui malheureusement est surtout bienfaisante pour les classes aristocratiques, des Actes récents ont réglé la situation des enfants dans certaines circonstances, d'autres se sont occupées des enfants pauvres et délaissés avec une sollicitude digne de la réputation pratique et charitable de nos voisins.

L'Acte de 1857 sur le divorce a autorisé la Cour des Divorces à valider les pactes entre époux sur la situation des enfants après le divorce, s'ils lui semblaient conformes aux intérêts de l'enfant et a permis à la mère sans même intenter une poursuite en divorce de demander un « *ordre de protection* » qui légalisait provisoirement l'état de fait de séparation des époux et les changements dans la garde des enfants.

Un Acte récent du 17 mai 1878 va encore plus loin et semble bouleverser toute hiérarchie judiciaire. Tout magistrat de police statuant *summarily* sur une prévention de violences d'un mari contre sa femme, ordonnera si la vie de la femme lui paraît en péril, qu'elle ne sera plus tenue d'habiter avec son mari, pourra lui remettre la garde des enfants au-dessous de dix ans, et imposer au mari une pension alimentaire. L'appel doit être porté non devant la Cour criminelle Supérieure, mais devant la Cour des Divorces.

Une autre partie très intéressante de la législation anglaise est celle qui s'applique à l'assistance publique et au régime pénitentiaire des enfants.

Non seulement les *Guardian of the poor* poursuivent contre les parents, en vertu du statut d'Elisabeth l'exécution de leur devoir d'entretien; mais même aux termes d'un statut de Victoria 31 et 32. C. 122. s. 37, quand les parents négligent sciemment de nourrir, vêtir les enfants confiés à leur garde au-dessous de 14 ans, au point de compromettre leur santé, les gardiens de l'Union ou de la Paroisse les poursuivent aux frais de l'assistance publique et les font condamner au moyen d'une « instance sommaire », à un emprisonnement de 6 mois avec ou sans travail forcé. Les parents peuvent échapper à la peine par une « *recognisanze*, » c'est-à-dire en donnant caution de se mieux conduire à l'avenir.

Notre organisation administrative et judiciaire se prêterait difficilement à l'imitation d'une semblable procédure, et malheureusement d'autres règles de la législation anglaise pourront se heurter au même obstacle. Ce sont celles qui ont pour but l'éducation correctionnelle des enfants condamnés ou abandonnés. On ne peut toujours confier exclusivement à la famille le soin de punir l'enfant; d'autre part il est cruel d'imposer à l'enfant les lenteurs de la procédure criminelle ordinaire et dangereux de leur infliger les moyens de répression employés pour les adultes. Le bill de 1847 a rendu un premier service en simplifiant la procédure applicable aux enfants au-dessous de 14 ans, en permettant au juge chargé de les juger de leur appliquer l'emprisonnement ou une peine qui nous semble barbare mais qui, aux yeux des Anglais est moins démoralisante que la prison : le fouet (1). Un bill de 1854 a organisé l'éducation correctionnelle des jeunes détenus, en permettant aux magistrats de confier les jeunes condamnés après un séjour plus ou moins long en prison, à des établissements privés autorisés (*certified*). Plusieurs Actes, surtout celui de 1866 sur les Écoles Industrielles ont comblé une lacune vivement sentie en permettant à la

1. En 1876, 1883 enfants ont été condamaés à la prison, 1078 au fouet. Les deux peines peuvent d'ailleurs être cumulées.

puissance publique de se charger de l'éducation. Cet acte vise non seulement les enfants supposés particulièrement vicieux et délaissés en raison de la gravité de l'infraction qu'ils ont commises ; mais encore tous ceux qui sont mendiants ou vagabonds qui, âgés, de moins de douze ans, ont commis sans récidive une infraction passible d'emprisonnement, enfin de tous les enfants qui sont abandonnés et sans tutelle convenable (*without proper guardianship*), ceux dont les parents sont en prison, ou qui fréquentent la société de voleurs ; enfin, ceux qui méconnaissent l'autorité de leurs parents ou tuteurs, ou se montrent insoumis dans une école de *Workhouse*. Pour tous les enfants de ces différentes catégories, les magistrats de juridiction sommaire peuvent ordonner qu'ils seront détenus pour un temps dont ils fixent la durée, dans une école industrielle certifiée, et cela, grâce à l'élasticité de la procédure anglaise, sur la plainte de *toute personne*. Chacun trouvant un de ces *Arabes des rues* peut l'amener devant le magistrat et participer ainsi à l'œuvre de préservation et de surveillance que les parents négligent, compromettent ou sont impuissants à remplir. Parallèlement à cette institution, les Bureaux scolaires (*Schoolboards*) établis en 1870 et auxquels la loi de 1876 rendant l'instruction obligatoire donne une nouvelle autorité, sont chargés de veiller à l'exécution du devoir des parents de veiller à l'instruction de leurs enfants, et peuvent en cas de résistance le faire condamner *summarily* par le magistrat. Avec leur admirable bon sens les Anglais ont d'ailleurs cherché à éviter les excès que la tendance de cette législation pourrait amener, et cette même loi de 1876 a créé des Écoles Industrielles pour le jour, où les enfants reçoivent l'instruction pendant le jour et sont confiés le reste du temps à la garde de leurs parents, et a autorisé le Trésor à poursuivre contre les parents le remboursement des sommes qu'a coûtées l'éducation de leurs enfants lorsqu'ils sont enétat d'y faire face (1). La législation anglaise cherche ainsi à respecter, dans la mesure du possible, le droit de garde des parents et à sanctionner leur devoir d'entretien, sans le sacrifier, comme on l'a fait ailleurs, au devoir d'éducation.

La législation américaine n'est guère qu'une imitation de la législation anglaise. Mêmes principes généraux ; même fécondité d'applications pratiques. Les Cours de Chancellerie existent en Amérique comme en Angleterre, les règles relatives au mariage et au régime successoral, sont empreintes du même esprit d'indépendance au point de vue des devoirs de famille. Citons une règle curieuse de la législation de l'État de New-York. Toute personne peut pourvoir à l'entretien d'un enfant délaissé, mais acquiert contre les parents négligents, une action de gestion d'affaires sanctionnée par l'application rigoureuse de la contrainte par corps.

§ 4. — *Les Codes modernes (Saxe, Italie, Pologne, Projet de révision Belge).*

A côté de ces législations, il nous faut étudier les Codes qui, appartenant à l'époque moderne et rédigés depuis le nôtre n'ont pas échappé à son influence et y ont introduit des réformes qui peuvent contenir un enseignement utile.

Le Code Saxon publié en 1863, n'a pas été composé directement sous l'influence du Code civil ; mais il indique les tendances actuelles de la législation allemande et laisse présager l'esprit du futur Code de l'empire d'Allemagne.

1. 18.044 fr. sont ainsi rentrés dans les caisses de l'État en 1876.

La puissance paternelle naît du mariage, de la légitimation et de l'adoption. Elle est encore accordée par la loi sur les enfants naturels issus après fiançailles (1) (*Brautkinder*), et sur les enfants issus d'un mariage putatif (art. 1808 et 9). Le père a la jouissance légale des biens de ses enfants autres que ceux qu'il acquiert par son travail, les personnes qui sont tenues de laisser une légitime à l'enfant ne peuvent la soustraire à la jouissance légale du père. La puissance paternelle ne cesse que par la mort du père ou de l'enfant, elle peut cesser par l'émancipation; mais si l'enfant est mineur il faut, outre la déclaration du père, le consentement d'un tuteur *ad hoc*. L'établissement séparé est une cause d'émancipation tacite, mais si le fils est mineur, il doit avoir eu lieu du consentement du père donné en justice. Le mariage de la fille entraîne son émancipation définitive.

Le père et subsidiairement la mère sont tenus d'entretenir l'enfant, ils doivent doter leur fille, même la fille naturelle de fiançailles (*Brautkinder*). Le père représente l'enfant devant les tribunaux, l'assiste dans les contrats qu'il conclut avec les tiers. Les fiançailles ne peuvent avoir lieu avant dix-huit ans pour les fils et seize ans pour les filles, le parent survivant ou les ascendants doivent y consentir, les enfants naturels doivent obtenir seulement celui de la mère, les enfants adoptifs celui des parents naturels et adoptifs, les mineurs en tutelle celui du tuteur. Ces règles sont applicables au mariage. Mais le consentement de toutes ces personnes ne peut être refusé que pour des motifs déterminés par la loi, et s'ils ne sont pas vérifiés, il peut être suppléé par l'autorisation de justice. Les motifs légaux de refus sont la différence d'âge, l'absence de ressources suffisantes, la vie immorale, une condam-

1. Le Code saxon assimile complètement les enfants naturels issus après les fiançailles même non suivies de mariage aux enfants légitimes.

nation de l'autre partie contractante, la maladie, l'enlèvement, les injures adressées à la personne qui doit consentir. La sanction de l'empêchement fondé sur le consentement des parents n'est pas la nullité du mariage mais une peine pécuniaire. L'enfant qui s'est marié à l'insu de ses parents dans un cas où ils auraient pu refuser leur consentement peut être exhérédé. Les parents n'ont pas le droit de désigner un tuteur testamentaire; mais les tribunaux doivent tenir compte de leur volonté, celle du père étant préférée à celle de la mère; ils ne peuvent nommer une personne que les parents auraient exclue de la tutelle et doivent la conférer aux parents suivant l'ordre de succession. La mère naturelle doit recevoir la tutelle de son enfant mineur, elle la perd si elle se marie avec un autre que le père de l'enfant.

La recherche de la paternité est admise, le père naturel est tenu d'entretenir l'enfant à partir de l'âge de six ans, il peut le retirer des mains de la mère à moins que les tribunaux n'en ordonnent autrement dans l'intérêt de l'enfant. Le père et la mère légitimes, la mère naturelle peuvent exiger de leurs enfants tant qu'ils ont besoin d'éducation et vivent dans l'intérieur de la famille, l'obéissance, et s'ils ne peuvent les y réduire par les moyens de correction domestique, ils ont le droit de s'adresser à la justice (1805). Les enfants vivant avec leurs parents doivent les aider dans leur métier et dans la tenue de la maison. Le droit de garde est assuré aux parents. La réserve ou plutôt la légitime monte à la moitié ou au tiers de la succession, suivant le nombre des enfants. L'exhérédation même de la légitime peut avoir lieu pour des motifs déterminés, par exemple pour refus d'assistance aux parents ou pour un mariage contracté sans leur consentement. En cas de dissentiment sur la direction des enfants l'avis du père l'emporte (1802); quand les parents négligent grossièrement leur devoir d'éducation, en compromettant son bien-être matériel et moral, et quand les mesures prises par l'administration ne sont pas jugées suffisantes, les tribunaux de tutelle peuvent, après avoir entendu le père et la mère, et pris l'avis des proches parents, ordonner les mesures nécessaires, en particulier mettre l'enfant en tutelle (1803).

Le Code civil italien d'une date encore plus récente (1866), peut fournir avec le nôtre des rapprochements intéressants. La puissance paternelle n'y est plus une magistrature, aussi elle n'est pas dévolue au père seul mais aux deux parents à la fois. Le père en a l'exercice de préférence à la mère, mais cette règle n'est pas aussi absolue que chez nous, la mère a le droit de faire opposition au mariage de l'enfant et elle exerce même, durant le mariage tous les droits de la puissance paternelle « quand le père ne peut l'exercer » formule générale qui se prête à une application fort large. La mère survivante a, au point de vue du droit de correction, des droits égaux à ceux du père, mais celui-ci ne peut l'exercer que par voie de réquisition. Le consentement des parents au mariage est exigé jusqu'à l'âge de vingt-cinq ans pour le fils, de vingt et un ans pour la fille ; en cas de dissentiment du père et de la mère, celui du père suffit. Mais si l'enfant est mineur, un recours peut-être exercé devant la Cour d'appel siégeant à huis clos contre les refus du père par les parents alliés, ou par le ministère public ; si l'enfant est majeur de moins de vingt-cinq ans il l'exerce lui-même. La Cour statue sans plaidoiries d'avocats (art. 67). Les actes respectueux sont supprimés. Le père ou la mère de l'enfant naturel en a la tutelle légale pendant la minorité, et si les deux parents l'ont reconnu, la préférence est donnée au père. La puissance paternelle a un effet posthume assez important ;

le père peut par testament ou par acte authentique imposer des conditions à la mère survivante pour l'éducation de l'enfant. La légitime italienne est moins influencée que notre réserve par le désir de conserver les biens dans les familles, et la liberté de tester est tantôt plus restreinte, que chez nous, tantôt plus étendue : plus restreinte car la légitime est expressément assurée non seulement aux descendants et ascendants mais encore à l'enfant naturel ; plus étendue d'autre part, car l'obligation du rapport ne s'applique pas aux libéralités testamentaires et la légitime due aux enfants n'y peut jamais dépasser la moitié de la succession (885-1008). L'exhérédation n'est pas admise. Le contrôle des tribunaux relativement à l'exercice de la puissance paternelle est expressément réglé. L'art. 221 permet au président du Tribunal de soustraire le fils au droit de garde à la requête des proches parents ou du ministère public quand cet éloignement de la maison paternelle est « rendu nécessaire par une juste cause. » En cas d'urgence, le préteur, magistrat correspondant à notre juge de paix, a les mêmes pouvoirs. Aux termes de l'art. 233, « si le père abuse de la puissance paternelle en violant ou en négligeant ses devoirs ou en administrant mal les biens de l'enfant, le Tribunal à la requête de l'un des parents les plus proches ou même du ministère public pourra pourvoir au soin de la personne de l'enfant par la nomination d'un tuteur ou un curateur à ses biens et prendre les autres mesures qui lui paraîtront nécessaires. »

Notre Code lui-même a été adopté par certains pays étrangers, et il est intéressant de suivre les réformes qu'on lui a fait subir ou qu'on y propose. Dans la Prusse rhenane ; les actes respectueux ont été supprimés. En Pologne, notre Code est encore en vigueur, mais il a subi en 1825 une refonte importante justement en ce qui concerne les droits de famille. Le droit de correction ne s'exerce plus par voie de détention paternelle, mais seulement par les moyens ordinaires de correction domestique, et quand la puissance paternelle est exercée par le tuteur, il doit en référer au conseil de famille (art. 339-423). En cas de séparation de corps l'époux innocent a la garde des enfants, si tous deux sont coupables ; le conseil de famille statue (art. 354). Les enfants naturels non reconnus seront pourvus d'un tuteur par un conseil de tutelle remplaçant le conseil de famille. Ce conseil de tutelle sera composé de six personnes connues par leur bienfaisance (art. 487). Le pouvoir d'intervention des tribunaux a fait l'objet de dispositions expresses. Le père ou la mère qui aura abusé de son autorité au point de compromettre la santé de l'enfant sera réprimandé a huis clos par le Tribunal. En cas de récidive ou même en cas de circonstances graves le Tribunal les privera de l'autorité paternelle et confiera à une autre personne, la tutelle de l'enfant aux frais du père ou de la mère coupable (art. 339). Les parents les plus proches auront le droit de dénoncer ces faits au ministère public. Celui-ci est obligé de donner suite à cette plainte, de vérifier les faits et de présenter au Tribunal, dans le plus bref délai et à huis clos, son rapport sur la suite à y donner.

Après enquête et comparution personnelle des parents, la plainte est rejetée par le tribunal ou remise au procureur pour faire citer le parent prévenu et le parent qui l'a accusé et intenter une action de privation de l'autorité paternelle.

La Belgique avait gardé jusqu'à présent le Code Napoléon, sans y apporter de modification dans l'organisation de la famille. Cette année même, un avant-projet de revision, contenant les premiers titres du Code a été deposé sur le bureau des Chambres par M. le professeur

Laurent, auquel le ministère avait confié cet important travail. Le savant interprète du Code Napoléon, semble en avoir fait surtout une œuvre personnelle et paraît préoccupé de mettre la législation de nos voisins en harmonie moins avec leurs besoins qu'avec ses propres idées ou plutôt avec celles de l'école démocratique française extrême dont il est l'écho fidèle dans son exposé des motifs.

Dans cet avant-projet de revision le mariage n'est permis qu'aux majeurs sans distinction de sexe (art. 444). En revanche le consentement des parents n'est plus requis et les actes respectueux sont supprimés ; les oppositions ne peuvent avoir lieu que pour les empêchements prévus par la loi (art. 161).

Le titre de la puissance paternelle est remplacé par celui des devoirs entre parents et descendants. La jouissance légale disparaît, toutes les règles relatives aux attributs et à l'organisation de l'autorité domestique sont laissées de côté. L'obligation alimentaire subsiste à la charge des enfants envers leurs père, mère et parents même collatéraux et le devoir d'éducation des parents envers leurs enfants est réglé par deux articles dont voici le texte(art. 217). « Les époux sont tenus d'entretenir d'instruire et d'élever leurs enfants. L'instruction est obligatoire pour les enfants jusqu'à quatorze ans. A partir de dix ans, ils pourront être reçus dans les ateliers et fabriques, à condition que le travail et l'instruction alternent suivant le système du demi-temps. Des lois spéciales règleront : 1° l'instruction combinée avec le travail; 2° l'admission des enfants dans les ateliers et fabriques; 3° l'instruction et l'éducation des adultes dans les écoles et *Sociétés ouvrières* » (art. 219). « Si les père et mère ne remplissent pas les obligations que leur impose l'art. 217 ils pourront être déclarés déchus de la puissance paternelle sur l'action qui appartient daus ce cas à tout parent et allié ainsi qu'au ministère public. Toute personne est tenue d'informer le ministère public des faits concernant l'inexécution du devoir d'éducation qui seraient venus à sa connaissance. En cas de déchéance l'enfant sera confié par le tribunal à un parent ou allié ou placé dans une maison d'éducation ou mis en apprentissage aux frais de ceux qui sont tenus de la dette alimentaire ».

Le commentaire dont le savant auteur accompagne ces articles ne semble pas destiné à atténuer leur nouveauté ni à écarter les objections qu'ils peuvent soulever. Nous ne l'examinerons donc pas en détail, et nous n'insisterons pas plus longtemps sur cet avant-projet.

CONCLUSION

L'étude des législations étrangères modernes nous a révélé deux tendances contraires, mais qui partent l'une et l'autre d'un fait malheureusement avéré, le relâchement des liens de famille. Certains pays, ils sont très rares, cherchent à protéger l'autorité domestique, en prolongeant sa durée (1), en laissant aux parents une assez grande liberté dans la disposition de leur fortune par testament (2), parfois même en admettant l'exhérédation complète pour causes déterminées (3), ou même arbitraire (4). Les autres qui sont les plus nombreux, semblent surtout préoccupés d'enlever à la puissance paternelle des attributs compromettants (5) ou dont elle pourrait faire mauvais usage et de régler l'intervention de la justice dans les rapports de fils à père (6). Des lois d'humanité cherchent à remédier aux situations dou-

1. Allemagne, Autriche, Saxe, Russie.
2. Italie, Russie.
3. Saxe, Allemagne, Autriche.
4. Amérique, Angleterre.
5. Saxe, Italie. Projet de revision belge.
6. Pologne, Saxe, Autriche, Prusse, Angleterre. Projet de revision belge.

loureuses que peuvent créer les défaillances et les excès de la magistrature domestique, et s'ingénient à multiplier une protection que l'enfance ne trouve plus dans la seule application du droit naturel. Il faut pourtant remarquer ici un hommage significatif à la puissance paternelle. Presque partout ces réformes n'apparaissent que dans les lois pénales (1) ou d'assistance publique (2), ce qui suppose des cas d'indignité caractérisés. Quand l'intervention de la société est admise au civil, le caractère des formes de procédure (3) qu'on emploie, la nature des tribunaux qui prononcent (4) indiquent à tous que la société semble n'intervenir qu'à regret et que les rapports qu'il s'agit de protéger ne doivent pas être confondus avec ceux que peuvent faire naître les droits de propriété ou d'obligation.

A une époque où les législations tendent à s'unifier, et où les frontières ne sont plus des barrières, l'histoire législative de nos voisins est bien près de devenir la nôtre, et on peut en effet reconnaître, dans les récents projets de réforme ou de loi relatifs à la puissance paternelle, les tendances de deux écoles distinctes.

La première semble s'attacher à faire tomber les reproches qu'un grand jurisconsulte, Savigny, adressait à notre Code et qui ont trouvé un écho chez des interprètes éminents et calmes de nos lois. D'après MM. Aubry et Rau « Le Code civil n'a pas restitué à la puissance paternelle l'étendue et l'énergie que réclamaient l'ordre public et les

1. Autriche.
2. Angleterre, Prusse.
3. Pologne, Italie.
4. Russie, Prusse, Autricne. Cette particularité est surtout sensible dans les législations qui se sont montrées les plus hardies dans cet ordre de réforme : l'Angleterre et l'Amérique. Les cours de « Common Law » n'y ont aucun pouvoir sur la puissance paternelle tandis que « les courts of d'Equity » ont un droit d'intervention presque illimité.

bonnes mœurs. On lui a reproché de n'avoir pas assez reculé l'époque de la majorité, d'avoir trop élevé la réserve des enfants, d'avoir fait cesser l'usufruit légal avant la majorité, et surtout d'avoir permis aux garçons de quitter dès l'âge de dix-huit ans, la maison paternelle pour s'engager au service militaire. Ces reproches ne sont pas sans fondement et l'on doit reconnaître que les rédacteurs du Code négligeant le point de vue moral se sont montrés envers les parents d'une défiance qui ne trouve ni dans les sentiments naturels de l'homme, ni dans les mœurs de notre société, une justification suffisante. » De ces reproches, l'un est devenu à peu près sans objet depuis la loi de recrutement de 1872 qui recule jusqu'à vingt ans l'engagement volontaire sans le consentement des parents ; l'autre a failli le devenir absolument, grâce à un projet de loi de M. Benoît Champy dont les événements politiques arrêtèrent seul le vote (1).

La critique de notre organisation de la jouissance légale a été souvent présentée de la façon la plus vive sans jamais aboutir à un projet de réforme législative. En ce qui concerne les rapports de la puissance paternelle et de notre régime de succession, les projets de réforme ne se sont produits devant les Chambres que sous forme de pétition (surtout en 1865), mais en revanche ils ont trouvé dans un publiciste éminent, économiste et moraliste, un éloquent et vigoureux interprète. L'école de la réforme sociale qu'il a inspirée semble abandonner la liberté absolue de tester, tout au plus défend-elle l'exhérédation pour cause déterminée et si elle ne s'est pas toujours défendue des

1. Sans reculer d'une façon générale l'époque de la majorité, M. Benoît Champy avait proposé en 1852 de permettre aux parents de faire maintenir par la justice jusqu'à l'âge de vingt-cinq ans l'enfant dans la situation du mineur émancipé, en dehors des conditions rigoureuses et des formes flétrissantes de l'interdiction ou de la dation d'un conseil judiciaire.

intempérances de polémique, des illusions et des chimères, elle a proposé à la lettre de notre Code, des corrections qui sont moins éloignées qu'elle ne semble le croire de son esprit. Nous avons signalé, après un éminent jurisconsulte (M. Valette), l'autorité posthume que notre Code accordait aux parents au moyen de la quotité disponible. L'école de la Réforme sociale, veut étendre cette autorité en reprochant à tort à notre Code d'y être absolument contraire. D'après elle, la quotité disponible actuelle serait insuffisante, elle ne permettrait pas au père de créer la famille souche (stamm familie), il faudrait l'augmenter en faveur des enfants pour permettre au fils choisi par le père de continuer auprès de ses frères majeurs la mission sociale qu'il a pu remplir de droit pendant leur minorité (1), surtout il faudrait affranchir de la nécessité du partage en nature, le père qui, tout puissant sur la carrière des fils pendant la minorité, ne peut pas leur donner une direction après la majorité, en leur attribuant certaines catégories de biens dont l'usage est conforme à leurs inclinations et à leurs aptitudes différentes (2).

Ces intéressantes discussions continueront à faire dans le monde des esprits beaucoup de bruit et à dégager quelque lumière. Elles n'auront probablement pas plus de succès pratique que celles dirigées dans un sens tout opposé dont nous avons trouvé l'écho dans le projet de revision du Code Belge, de M. Laurent. Avant lui,

1. A l'appui de cette réforme dônt l'efficacité nous paraît contestable, on pourrait invoquer comme précédents d'analogie l'article de notre Code qui permet aux parents de choisir un tuteur à leurs enfants mineurs, et celui qui les autorise à refuser la pension alimentaire aux majeurs à condition de leur ouvrir la maison paternelle.

2. L'abolition du partage forcé est réclamée par tous les économistes, mais cole de M. Le Play a bien mis en lumière le moyen d'action efficace e t délicat que le père trouverait dans la liberté du partage au grand profit des enfants et de la société.

M. Accollas en avait donné le résumé en tête de son cours de Code civil. Inspirées des souvenirs de la législation intermédiaire, ces ardentes polémiques tendent principalement à formuler des revendications en faveur de l'autonomie de l'enfant, et des invitations à l'intervention socialiste de l'État entre le père et ses fils.

A ce double titre, elles sont funestes et elles pourraient compromettre le mouvement législatif qui se dessine en faveur de la protection de l'enfance.

Ce mouvement s'inspire surtout d'idées d'humanité et de charité. Inauguré par les lois de l'Assemblée nationale que nous avons signalées, continué sans succès par la proposition de M. Jules Favre sur la tutelle des indigents (1) et par les travaux d'une commission qui s'était occupé d'organiser l'éducation correctionnelle des enfants (2), il semble surtout se diriger vers la protection des enfants moralement abandonnés. Les lois proposées ont avant tout le caractère de mesure d'assistance publique, pourtant leurs auteurs s'inspirant des exemples donnés par l'Angleterre et la Prusse, ont cru à ce propos devoir toucher à la législation de la puissance paternelle. Ils cherchent à satisfaire les besoins signalés, de deux façons; en étendant les applications du principe de la déchéance pénale encourue déjà aux termes de l'art. 445 Code pén., en organisant même des instances civiles analogues à celle de la destitution de tutelle consacrée par l'art. 444 Code civ., et aboutissant à une sorte de dégradation civile.

1. Le projet de loi, adopté d'abord par le Sénat, a échoué à la 3e lecture.

2. Cette commission, nommée par l'Assemblée nationale et composée de MM. Voisin, d'Haussonville, Fournier, etc., a poursuivi les plus intéressantes études; elle a élaboré par l'organe de M. Voisin un excellent projet de loi sur l'éducation correctionnelle des enfants, qui n'est jamais venu en discussion.

La première de ces réformes continue heureusement une tradition séculaire (1) et procède bien de l'esprit de notre législation. La seconde constituerait une innovation dans notre droit. En présence des résultats de la statistique (2), et des décisions de la jurisprudence, on peut se demander si elle est impérieusement commandée. Peut-être suffirait-il d'étendre, non l'art. 444 Code civ., mais l'art. 302 du Code civ., en consacrant législativement le système si sage de la jurisprudence, peut-être surtout répondrait-on aux besoins signalés en s'occupant avec sollicitude des enfants orphelins comme l'avait proposé M. Jules Favre et en réformant et étendant l'art. 66 C. Pen, c'est-à-dire en organisant avec soin l'éducation correctionnelle des enfants non seulement coupables, mais abandonnés.

Nous en avons assez dit, trop peut-être pour montrer que l'amour de notre sujet nous tient éveillés sur le mouvement des idées qui s'y rapportent. En étudiant notre législation sur la puissance paternelle dans son ensemble, nous n'y avons pas trouvé les erreurs qu'on se plaît à lui reprocher; quant aux prétendues omissions, certaines nous semblent motivées et nous ne croyons pas qu'on puisse s'en plaindre. L'intervention de l'État flétrit et stérilise les institutions de droit naturel, elle est généralement le signe de leur décadence : nous espérons que notre société française ne la réclame pas encore et que la législation hésitera le plus longtemps possible avant de s'y résigner.

1. Nous avons trouvé la première application de ce principe dans la législation du Bas Empire; le droit canon, qui l'avait probablement inspiré, n'a cessé de l'étendre.

1. Au 31 décembre 1875 sur 9.906 enfants se trouvant dans les colonies pénitentiaires, 7.808 auraient pu être soumis à la tutelle d'après les règles du Code civil. D'autre part lors de la discussion du projet de M. Jules Favre le ministre de la justice a pu constater que plus de 10.000 tutelles obligatoires d'après le C. civ. n'avaient pas été organisées.

POSITIONS

DROIT ROMAIN

I

La patria potestas n'est pas fondée sur l'idée de propriété du pater sur les membres de la famille ; c'est une puissance organisée dans l'intérêt de la famille. V. p.

II

Ce sont les jurisconsultes qui ont exagéré l'analogie extérieure entre la patria potestas et le dominium, sans jamais les confondre. V. p.

III

La confarreatio est une forme d'acquisition de la manus ne s'appliquant qu'à la femme sui juris ; elle est à la coemptio ce que l'adrogation est à l'adoption.

IV

L'adoption est une institution postérieure à l'adrogation et n'a été admise qu'après la loi des XII tables.

V

La convocation d'un consilium était obligatoire pour le pater dans l'exercice du jus vitæ necisque, c'était une institution organisée par le droit criminel coutumier, et non pas une pratique facultative conseillée par les mœurs.

VI

Les membres du consilium avaient voix délibérative aussi bien pour le fils in patria, potestate que pour la femme in manu. V. p.

VII

Les exemples de juridiction domestique sous les empereurs postérieurs à Auguste, ne s'expliquent pas par la vitalité de l'institution primitive, mais par la volonté arbitraire des empereurs s'en servant comme d'un instrument dans les accusations de lèse-majesté et les persécutions chrétiennes. V. p.

DROIT FRANÇAIS

I

Les ascendants ne peuvent renouveler une opposition faite sans indication de motifs dont il a été donné mainlevée judiciaire. V. p.

II

Le consentement du détenteur de la puissance paternelle concourant avec celui de l'enfant pubère est néces saire et suffisant pour les actes de disposition de sa personne se rattachant au louage de service ; il ne peut relever l'enfant de son état de minorité pour les actes modifiant son état civil, sauf dans les cas prévus par la loi.

III

L'émancipation de l'enfant peut être révoquée en-dehors de l'application de l'art. 484, pour des causes se rattachant à la protection des intérêts moraux du mineur.

IV

Pendant la tutelle, c'est le conseil de famille et non le tuteur qui est le titulaire de la puissance paternelle sur la personne de l'enfant.

V

La puissance paternelle sur l'enfant naturel reconnu par ses père et mère, appartient au père, sauf l'intervention des tribunaux sur la provocation de la mère.

VI

Les enfants naturels mêmes reconnus par leurs parents sont de plein droit en tutelle dès leur naissance, la tutelle légale leur est applicable et appartient à celui des parents qui exerce la puissance paternelle.

VII

Le contrôle des tribunaux peut s'exercer dans l'intérêt de l'enfant sur la puissance paternelle, quand la séparation de corps a été prononcée et quand la tutelle coexiste avec la puissance paternelle; pendant le mariage, il peut être provoqué par les grands parents pour faire observer les devoirs d'honneur et de respect qu'ils peuvent exiger de leurs petits enfants, et par la mère, autorisée par le ibunal pour sauvegarder les intérêts moraux de l'enfant.

VIII

La prétention du père de refuser à la mère toute influence sur l'éducation de l'enfant ou l'abus fait par lui de la puissance paternelle est un grief valable de séparation de corps.

IX

L'usufruit légal appartient au statut personnel.

X

L'art. 371 ne permet pas aux tribunaux de refuser aux enfants contre leurs parents ou leur mère, l'exercice des actions prévues par les art. 187 et 317.

DROIT INTERNATIONAL

I

Quand le père est de nationalité différente de celle de l'enfant, c'est la puissance paternelle du statut de l'enfant qui doit être appliquée.

II

Les parents étrangers peuvent faire partie du conseil de famille d'un mineur français.

III

L'enfant mineur dont le père a opté aux termes du traité de Francfort n'a pu profiter de l'option de son père mais il a pu la faire valablement lui-même avec l'assistance de celui-ci.

DROIT ADMINISTRATIF

I

L'art. 1384 du Code civil est applicable à l'État pour les fautes de ses préposés et la compétence est judiciaire.

II

Le conseil de préfecture est compétent pour statuer sur les dommages causés aux personnes par l'exécution des travaux publics.

DROIT COMMERCIAL

Le défaut d'autorisation du père, pour l'enfant mineur qui fait le commerce, l'empêche d'avoir la qualité de commerçant et la capacité spéciale qui en est la suite.

HISTOIRE DU DROIT

I

L'interdiction d'enseigner le droit romain dans l'université de Paris, par le pape Honorius III, n'a été faite qu'à la sollicitation du roi de France.

II

Contrairement à l'assertion de Laurière, la puissance paternelle n'était pas en vigueur dans la coutume de Paris aux XIV et XVe siècles.

III

Les chartes d'oblation à la vie religieuse si fréquentes du IX au XIIe siècles, ne doivent pas être confondues avec des actes de donation en servage ; elles ne se rattachent pas à la tradition du droit romain, elles respectaient la personnalité de l'enfant qui arrivé à sa majorité était libre de ne pas ratifier la volonté du père et de quitter la vie religieuse en reprenant sa part successorale dans les biens dont son père avait fait donation au monastère ou au chapitre de chanoines.

DROIT CRIMINEL

I

L'art. 323 Code pénal déclarant que le parricide n'est

jamais excusable n'exclut pas l'application de l'art. 329.

II

La prescription spéciale des art. 637 et 638 du Code d'instruction criminelle n'éteint pas l'action en réparation civile quand la qualification du fait ne vient pas du chef du demandeur, mais de celui du défendeur.

Vu par le Doyen,
CH. BEUDANT.

Vu par le Président de la thèse,
J. E. LABBÉ.

Vu et permis d'imprimer :
Le Vice-Recteur de l'Académie de Paris,
GRÉARD.

BIBLIOTHÈQUE NATIONALE R.F. IMPRIMÉS

Imp. de la Soc. de Typ. - NOIZETTE, 8, r. Campagne 1re. Paris.

www.ingramcontent.com/pod-product-compliance
Ingram Content Group UK Ltd.
Pitfield, Milton Keynes, MK11 3LW, UK
UKHW021521090726
13657UKWH00001B/382